RÉSISTANTE

Née le 12 décembre 1923, Jacqueline Fleury-Marié est une résistante française qui a été déportée à Ravensbrück et à Buchenwald. Après la guerre, elle milite dans des associations, témoigne dans les écoles et travaille au côté de Geneviève de Gaulle-Anthonioz à laquelle elle succède comme présidente de l'Association des anciennes déportées et internées de la Résistance. Elle est aussi à l'initiative du concours national de la Résistance et de la Déportation et a été élevée à la dignité de grand-croix de la Légion d'honneur.

Jérôme Cordelier est rédacteur en chef au *Point* et auteur de plusieurs ouvrages dont *Au nom de Dieu et des hommes*.

JACQUELINE FLEURY-MARIÉ

AVEC JÉRÔME CORDELIER

Résistante

CALMANN-LÉVY

ISBN : 978-2-253-10150-5 – 1re publication LGF

À ma mère

Prologue

Chaque nuit, je vois vos visages. Chaque nuit, j'entends vos voix. Chaque nuit, je vous sens, là, près de moi. Yvonne, Germaine, Geneviève, Andrée, Marguerite… Mes sœurs de combat, mes compagnes des ténèbres, vous n'êtes plus de ce monde, mais vous m'accompagnez, à tour de rôle. Comme toi, maman, qui es toujours à mes côtés chaque minute qui passe et me rapproche de toi.

Que diraient mes six petites-filles, mes sept arrière-petites-filles si elles vous voyaient comme je vous vois, si elles vous entendaient comme je vous entends ? Elles qui pénètrent de plain-pied dans ce XXIe siècle dans lequel les luttes des femmes occupent une place majeure. Se souviendront-elles que lorsque nous sommes entrées dans la résistance contre l'occupant nazi, nous n'avions pas le droit de vote – nous ne l'obtiendrons qu'en 1944 – ni même la possibilité d'ouvrir un compte en banque sans l'autorisation de notre conjoint – nous ne le pourrons qu'en 1965 ?… Nous nous sommes engagées pour la liberté, nous avons été déportées dans les camps pour cela, et nous n'avions pas les mêmes droits que les hommes…

Parmi les mille trente-huit compagnons de l'ordre de la Libération, institué par le général de Gaulle en 1940, il n'y eut que six femmes[1]. Six femmes sur mille trente-huit combattants distingués… Pourquoi si peu ? Si l'on nous avait demandé conseil, nous aurions pu en fournir, des noms, tant de noms !

On a peu parlé du rôle des femmes dans la guerre. Négligées, ces militaires et techniciennes radio franco-britanniques parachutées en France, puis exécutées pour la plupart dans des conditions atroces. Peu connus, les engagements des postières de France ou des infirmières du Vercors, ou encore ces multiples petites actions d'agents de liaison et de renseignements qui nourrirent la grande chaîne de la Résistance et contribuèrent, chacune à sa manière, à la libération de la France. Plusieurs de ces combattantes, même parmi les plus intrépides, étaient mères de jeunes enfants dont elles durent s'éloigner avec déchirement pour affronter des risques insensés, jusqu'à donner leur vie, parce que, comme nous

1. Berty Albrecht (cofondatrice du mouvement Combat, morte à la prison de Fresnes en 1943), Laure Diebold (agent de liaison du réseau Mithridate et secrétaire de Jean Moulin, déportée), Marie Hackin (chargée de mission avec son mari, disparue en mer en février 1941), Marcelle Henry (du réseau d'évasion VIC, morte à son retour de déportation), Simone Michel-Lévy (de la résistance PTT, morte en déportation), Émilienne Moreau-Évrard (héroïne de la guerre 14-18, agent du réseau Brutus).

le dira plus tard André Malraux, « chez beaucoup d'entre nous, femmes ou hommes, la patrie repose comme une eau dormante ». Combien de gestes inspirés par ce patriotisme et cette humanité ont-ils été accomplis par des femmes dont on ne connaîtra jamais l'identité car elles sont restées d'humbles « combattantes de l'ombre » ?

L'Histoire a été écrite par les hommes. C'est ainsi. C'était ainsi. En ce temps-là – la préhistoire, semble-t-il ! –, on disait que ma mère était une femme moderne parce qu'elle se coupait les cheveux et conduisait une voiture ; dans la France d'avant-guerre, cela ne se faisait pas. Tout comme poursuivre des études : elle fut l'une des rares à le faire à une époque où si peu de filles allaient au lycée.

Pas un jour ne s'écoule sans que je pense aux mois terribles que nous passâmes en prison puis en déportation, sans que me reviennent en mémoire ces visions de l'enfer que tant de nos compatriotes eurent du mal à accepter quand nous essayâmes d'en témoigner à notre retour. Chaque fois, c'est la figure de ma mère, Marceline Parmentier, que je retrouve. Une femme belle, droite au milieu de ses compagnes, une femme qui en imposait avec délicatesse, une femme que l'on écoutait.

Que penseraient-elles, maman et les autres, de ce XXIe siècle ? Nous ne sommes plus qu'une poignée de résistants et de résistantes à pouvoir témoigner, et le monde nous oublie. J'aimerais tant que les valeurs pour lesquelles nous avons lutté reviennent éclairer notre époque si chahutée. Je perçois tant de souffrance dans notre société, tant de jeunes qui sombrent dans le désespoir, tant de nos contemporains abandonnés sur le bord de la route, toutes ces personnes qui dorment dans les rues de villes opulentes et que nous ne voyons plus à force de les croiser ! Notre société a besoin de connaître ce que furent nos combats et les valeurs qui les ont portés, le courage, l'abnégation, la solidarité, le partage…

Comment en sommes-nous arrivés là ?

Je n'ai jamais vécu de moments d'amitié et de fraternité aussi forts que dans les camps face aux humiliations, aux coups, aux tortures des SS et des *Aufseherinnen* et de leurs chiens-loups, à cette vaste et méthodique entreprise de déshumanisation. Nous ne sommes pas des héroïnes, notre résistance ne fut pas toujours spectaculaire, mais nous avons fait notre devoir à une période de l'Histoire et aux places qui furent les nôtres. On m'a prêté longue vie et une mémoire exceptionnelle pour pouvoir en témoigner, transmettre le flambeau à ces jeunes générations qui ont à construire ce nouveau siècle. L'horreur nazie nous hanta toute notre vie, représentant pour nous un impossible oubli. Par ce récit, j'espère de toutes mes dernières forces que celles et ceux qui s'engagent dans le monde après nous s'en souviendront longtemps.

Toujours.

Chapitre I

Funestes prémonitions

Je suis née le 12 décembre 1923 à Wiesbaden, en Allemagne, où mon père était en garnison dans le régiment du Premier Génie.

Mon frère, Pierre, qui a trois ans et demi de plus que moi (il est né le 6 juin 1920), grandit au milieu des Allemands ; il apprit très jeune leur langue, ce qui lui servira beaucoup dans la Résistance. J'ai ressenti une forte admiration pour ce frère aîné qui fait les quatre cents coups, grimpe aux arbres et enchaîne les bêtises – ma mère transporte toujours de l'arnica dans sa poche, au cas où…

Quelque temps plus tard, alors que j'ai un peu moins de quatre ans, mon père est nommé à Strasbourg. D'aussi loin que remontent mes souvenirs, on peut dire qu'à cette période, pendant dix ans, nous vivons heureux en Alsace. Notre vie familiale suit son cours au sein d'un cocon chaleureux. Nous sommes entourés de nombreux amis, dont la plupart ont regagné la France après 1918. Nous sommes scolarisés dans des lycées publics : Les Pontonniers, le grand établissement réservé aux jeunes filles, pour moi, et Fustel de Coulanges pour mon frère, chez les garçons. Mes parents, qui croient dur comme fer à la méritocratie, nous encouragent dans les études – ce qui n'est pas si courant pour une jeune fille de l'époque, mais était encore plus rare du temps de ma mère, lycéenne à Nîmes durant la guerre de 14.

Ainsi commence ma vie, sous des auspices plutôt cléments. On pourrait presque dire sereins, si ce n'est que nous devions nous tenir sur le qui-vive... La guerre, ma famille sait ce que cela signifie. Elle fait partie des gènes familiaux. Mes parents et grands-parents ont été profondément marqués par 14-18, surtout du côté maternel. Les parents de ma mère ont vécu l'arrivée des Allemands dès le mois d'août 1914, dans le Soissonnais. L'Histoire a retenu le martyre de la Marne, mais il faut se souvenir que cette région de l'Aisne fut considérablement frappée elle aussi. Les Allemands pénétrèrent très vite en France et embarquèrent tous les hommes qui n'étaient pas mobilisés, les très âgés comme les plus jeunes. Mon grand-père, Georges Marcel Parmentier, arrêté le 21 septembre 1914 à Morsain (Aisne) et déporté, ne rentra chez lui qu'à la fin du conflit.

Pendant quatre ans, face à cette absence pesante, les femmes à l'arrière doivent s'organiser. Ma mère, Marceline, a dix-huit ans, une demi-sœur, Madeleine, âgée de trois ans, et toutes deux sont orphelines. Celle que nous appellerons toute notre enfance

« grand-mère » est en fait la seconde épouse de mon grand-père. Il a perdu de manière prématurée sa première femme, Georgette Proust, en 1902, alors que ma mère n'avait que six ans, et s'est remarié avec Philomène Caneaux en juin 1906. Institutrice, elle avait pris ma mère, bonne élève, en affection et la soutenait. Toutes trois assistent donc, impuissantes, au départ de l'homme de la maison. Imaginez ma mère adolescente – elle est née en 1896 –, orpheline de mère et donc très attachée à son père, qui voit celui-ci enlevé par une horde de soldats.

Comment pallier son absence ?

La maison familiale est occupée par les soldats allemands. Philomène et ses deux filles sont cantonnées dans une chambre et une seule pièce qui sert de cuisine. Mais elles ne se laissent pas faire. Longtemps, dans la famille, on se racontera l'anecdote du soldat allemand tendant une tartine à ma jeune tante, âgée alors de deux ans, et de ma grand-mère la lui arrachant des mains pour la mettre sur le haut de la cheminée en la sermonnant :

— Ici, tu dois savoir que l'on ne mange pas de ce pain-là !

Voilà qui donne une idée du bois dont nous sommes façonnés.

Un peu plus tard, toutes trois seront emmenées à la prison de Rastadt, en Allemagne, épreuve dont elles parleront très peu – je n'ai entendu qu'une seule fois ma mère l'évoquer lorsque des cousins, des années plus tard, s'installeront dans cette ville, ravivant ses mauvais souvenirs. Dans les familles, à l'époque, on ne parle pas de la guerre. Celle-ci sera pourtant déterminante dans la formation du caractère de ma mère et pèsera dans nos engagements futurs à nous tous.

J'ai toujours eu beaucoup d'admiration pour la manière dont les membres de ma famille reconstruiront leur vie après la guerre de 1914. Ils ne possèdent plus rien, comme beaucoup d'habitants du Nord. Rien. Pas même un mouchoir. Sorties de prison, Philomène et « ses » deux filles sont recueillies à Nîmes chez une cousine de mon grand-père maternel. Elles y vivent jusqu'à la fin de la guerre, attendant son retour.

Il les y rejoint après l'armistice. Le pauvre homme revient de déportation, une épreuve terrible dont il a consigné le récit au jour le jour sur des bouts de papier et de petits carnets. Il raconte le camp où sont confinés, entassés, cent trente-cinq hommes « dans une espèce de tente en bois de forme triangulaire, d'une vingtaine de mètres de long sur quatre mètres de large », le temps qu'il fait, son état d'esprit, les anecdotes du quotidien, même les menus désespérants – « la nourriture n'a jamais été aussi insuffisante, il n'y a plus de pommes de terre, le régime se réduit aux carottes et aux choux-navets à midi, et le soir farine de maïs ou d'orge, ce n'est plus maintenant assez pour empêcher de mourir les malheureux qui ne reçoivent rien ».

Dans ces écrits, mon grand-père relate des épisodes que nous, sa fille et sa petite-fille, allons revivre quelques années plus tard avec une similarité déconcertante. Il raconte comment il refuse de travailler pour l'Allemagne, d'apporter une aide quelconque à l'armée de l'ennemi. Il explique aussi comment il rafistole sa veste avec de la ficelle. De tout cela, nous nous souviendrons plus tard... Dans ma famille, on sait ce que résister veut dire.

Mais, pour l'heure, il s'agit de continuer à vivre. La guerre est finie. Ma mère a rencontré au début du conflit, dans le Soissonais, un jeune homme, Désiré Marcel Marié, élevé dans une famille de filles – il est le cadet de quatre sœurs. Désiré, « magnifique combattant » selon son supérieur, le colonel de La Perelle, a fait toute la guerre en première ligne dans une unité de sapeurs-mineurs. Lui aussi vient d'être libéré. Il a été enfermé à la prison de Rastadt un mois avant l'armistice avant de gagner un *Oflag*[1] de Rhénanie. Ils se marient en 1919 à Nîmes. Tous deux partent vivre quelque temps en garnison en Algérie, puis rentrent en France avant de s'installer en Allemagne.

C'est pourquoi je suis née à Wiesbaden.

Quand je serai arrêtée plus tard par la Gestapo, l'officier chargé de mon interrogatoire à Paris, détaillant mon état civil, me demandera :

— Vous êtes allemande ?

Et moi je lui répondrai, en le fusillant du regard :

— Certainement pas !

Pour ma mère, la guerre de 39-45 n'est que la continuation logique de celle de 14-18. Et mon frère et moi sommes élevés dans cet esprit. Maman nous

1. Abréviation de *Offizier-Lager*, « camps d'officiers ».

raconte que la maison familiale dans le Soissonnais a été rasée, que leur village n'est que désolation, que l'église a été détruite par le canon, et que les tombes du cimetière ont été piétinées et vandalisées. Qu'il avait fallu reconstruire toute une vie alors que mon grand-père avait vécu une déportation éprouvante. La famille est imprégnée, très imprégnée de ces souffrances.

Mais personne n'en parle. Ou très peu. Mes grands-parents ne sont pas du genre à pleurnicher sur leur sort. Ils prennent leur courage à deux mains et poursuivent leur route. Ils reconstruisent la maison avec rien et ne pourront y remettre un toit qu'en 1937. Vingt ans plus tard… Dans ma famille, on ne supportera jamais cette expression horrible de « dommages de guerre ».

Les femmes, dans ce contexte, occupent toujours une place centrale. Philomène, qui est institutrice, a élevé ma mère et met un point d'honneur à incarner un modèle. Marceline, maman, s'efforcera toute sa vie de se montrer fidèle à son exemple.

Après l'Allemagne et dix ans à Strasbourg, papa est nommé à Poitiers où nous nous installons en 1936 avant de gagner Versailles en août 1937. J'intègre le lycée de jeunes filles – aujourd'hui La Bruyère – et mon frère celui pour garçons, le lycée Hoche. J'ai quatorze ans, nous emménageons boulevard Ferdinand-de-Lesseps, dans le quartier de Montreuil, dans une maison avec jardin. Nous nous entourons d'animaux : un chien-loup, Kim, plusieurs chats et des oiseaux. On pratique le scoutisme ; si je n'accroche pas tellement, mon frère, lui, se lie avec beaucoup de camarades qu'il retrouvera plus tard dans la Résistance.

L'adaptation à cette nouvelle vie n'est pas des plus aisée.

Nous arrivons de Poitiers, une ville provinciale et amicale ; Versailles nous apparaît beaucoup plus, disons, traditionnelle. Les gens ont l'air plus contraints, il y a encore beaucoup de grandes familles pétries de manières très aristocratiques. Heureusement, les lycées sont plus ouverts à tout le monde, et nous y sommes bien intégrés.

Nous passons nos vacances d'été chez mes grands-parents maternels dans le Soissonnais – mon grand-père meurt en 1937 –, dont les paysages, dévastés par la guerre, marquent nos jeunes esprits. Cette enfance se déroule sans beaucoup de souvenirs familiaux, puisque tout a été détruit et que les survivants ne souhaitent pas s'épancher. Mais, dès le début de notre vie, nous sommes plongés dans le grand bain de l'Histoire. Mon père est féru d'histoire locale – il écrira plusieurs livres sur les Deux-Sèvres – et passionné d'art roman. Quand nous allons dans sa famille au cœur du Poitou, il nous embarque donc dans de grandes balades, jusqu'à La Rochelle même, pour visiter les monuments et surtout les églises.

Mon frère et moi, comme nous le disons avec humour, apprenons à marcher et à lire dans les voies romaines sur lesquelles mon père nous emmène.

Pierre, c'est mon grand homme ! Il me fascine. Nous montons ensemble des pièces de Molière. Mon frère est très entreprenant, c'est un bâtisseur, je le suis partout. Quand il commet une bêtise, j'en ajoute une à mon tour. Une espèce d'osmose nous lie, nous grandissons dans la complicité et la connivence sans jamais nous disputer.

Peut-être est-ce là le résultat de l'éducation de notre mère, qui a beaucoup dû protéger sa petite sœur pendant son enfance ?

Nos parents se donnent du mal pour nous préserver, mais ils ont beau faire, nous les sentons rongés par l'inquiétude. Ils suivent l'actualité avec attention ; par leur prisme strasbourgeois, ils sont très vigilants à ce qui se passe de l'autre côté du Rhin. Mon frère parle l'allemand, il a fait des échanges linguistiques avec un correspondant que nous avons accueilli à la maison. Nous savons ce qui se trame. Mes parents sont ulcérés par la pleutrerie de nos dirigeants, par cette foule qui applaudit Daladier à son retour de Munich en 1938 ! Ils ne comprennent donc rien ? Adolf Hitler et le nazisme s'enracinent. Par notre expérience alsacienne, nous sentons la guerre proche. À peine vingt ans après la boucherie de 14-18, l'Europe se prépare à basculer de nouveau dans la tragédie et la barbarie. Et nous avec.

Chapitre II

Les conquérants

Nous apprenons que la France entre en guerre par un communiqué de la radio, depuis notre cocon versaillais du boulevard de Lesseps. Toute la famille vivra très mal l'entrevue Pétain-Hitler à Montoire-sur-le-Loir, en octobre 1940. Une faute impardonnable aux yeux de mon père qui, prisonnier en 1914, ne supporte pas cette poignée de main avec le chancelier nazi. Pétain a trahi, mon père en éprouve un immense chagrin, Vichy nous hérisse le poil !

Militaire de carrière, papa rejoint son régiment. On ne le sait pas encore, mais mes parents, par leurs expériences passées, s'en doutent : nous allons être séparés pour longtemps, sans doute même très longtemps.

L'appel du général de Gaulle ne nous parvient pas en direct, comme pour la majorité des Français, mais la rumeur se propage rapidement. Le découpage de la France rend la vie quotidienne de plus en plus difficile. Les communications sont impossibles ; faut-il rappeler que le téléphone est encore un rare privilège ? Les adultes savent, néanmoins, qu'un drame se trame. On attend et on espère, encore et toujours, une issue salutaire. On essaie de s'en convaincre, même si le conflit qui se tend d'heure en heure produit ses premiers effets : nous sommes séparés ; mon père se retrouve en zone libre et nous, nous restons bloqués en zone occupée.

Nous allons devoir apprendre à vivre au jour le jour. En juin 1940, expulsés de notre maison, nous voilà poussés sur les routes de l'exode dans la Mathis (une voiture fabriquée en Alsace) que maman conduit avec toute la famille assise à l'arrière, sans oublier – c'est à souligner parce que rare à l'époque – tous nos animaux. Je me souviens comme si c'était hier des mitraillages, mes premiers, sur la route, des verres d'eau que les paysans nous vendent. La chaleur torride accentue les tensions que nous ressentons. Les étés à venir seront d'ailleurs terriblement chauds, et les hivers, tragiquement froids.

Nous nous réfugions dans le département de la Vienne, dans le village de Joussé, accueillis par des habitants rencontrés en chemin. C'est là que, pour la première fois, nous voyons passer l'armée allemande. Des hordes de soldats « magnifiquement » équipés, une armée étincelante dotée d'un matériel extraordinaire. Des conquérants ! Le choc est épouvantable. Jusque-là, nous n'imaginions pas que les Allemands envahiraient si vite la France, notre France. Nous poursuivions malgré tout une vie à peu près normale, équilibre précaire que vient chambouler l'intrusion de l'occupant. Devant ce défilé impressionnant, nous nous promettons de faire tout ce qui est en notre pouvoir pour résister à ces envahisseurs.

Les « boches » – nous ne les appellerons plus qu'ainsi – s'installent. Nous rentrons chez nous, à Versailles, en juillet 1940. Comme notre voiture a été réquisitionnée, nous remontons par le train, qui est bondé. Les drames sont nombreux, beaucoup ont perdu des membres de leur famille. Nous avons dû nous séparer de nos animaux, hormis notre chien Kim, mais nous ne pourrons pas le garder longtemps car il nous est impossible de le nourrir. Le drapeau à croix gammée a été hissé sur le château de Versailles. Pour nous, cela engendre une émotion effroyable : c'est la marque de l'occupant sur un monument familier qui incarne l'histoire de France. Les nazis multiplient les parades militaires sur la place d'Armes… Une infamie. Une de plus !

Notre lycée étant réquisitionné par l'armée allemande, nous sommes scolarisés dans la caserne d'Artois. La vie reprend son cours, péniblement, nous subissons de graves difficultés de ravitaillement. Notre existence est désormais enserrée dans les griffes de l'occupant.

De retour de notre exode, courant juillet, ma grand-mère, effondrée, constate que sa maison a été occupée et pillée : la modeste bâtisse est dans un triste état ! À peine restaurée, elle n'a plus de toit, son jardin est devenu un cimetière où gisent côte à côte soldats français et allemands, leurs casques plantés sur des croix. Peu après, ma mère reçoit la cantine d'un officier. Elle n'ose pas l'ouvrir, imaginant y trouver les affaires de son mari. Mais ce paquetage appartient en fait à son beau-frère. Poussé dans la carrière militaire par mon père, celui que nous surnommions l'« oncle gâteau » tant il était attentionné pour nous, le capitaine Ernest-Élie Marié (dit Antonin), officier du Génie comme Désiré, a été tué au combat le 10 mai 1940 dans la Marne.

Notre vie à Versailles suit son cours cahin-caha. Nous devons nous organiser sous la férule de l'occupant, dont l'emprise se fait de plus en plus sentir. Entre nous et notre père, les contacts ne sont qu'épisodiques, notamment par le biais de cartes postales interzones préimprimées. Impossible d'écrire ce que l'on veut ; tout le courrier transite par la censure. Les files d'attente du ravitaillement deviennent interminables. Les tickets d'alimentation apparaissent, puis les bons pour se fournir en charbon, en vêtements… Nous avons de plus en plus de difficultés à nous chauffer et à nous habiller, et commençons à être affamés. Nous assistons impuissants au pillage de la France ! Les soldats vert-de-gris se croient chez eux. Ils se comportent avec arrogance, comme cet officier que mon frère a caricaturé sur son premier tract de résistant, paradant dans les rues, uniforme rutilant, bottes lustrées, gants en main, bedaine en avant et lippe hautaine, la croix de fer enserrée au cou… Mon frère représentera également les nazis sur des tracts incarnant les sept péchés capitaux, l'orgueil, l'envie, la luxure, la colère… À Versailles, nous sommes aux premières loges pour sentir ce poids des nazis : dix mille militaires allemands stationnent dans les casernes de la ville – avenue de Paris, dans les quartiers de Noailles et de Croy... Le camp de Satory a été transformé en dépôt de matériel pour la Wehrmacht. Une *Panzerschule* a été installée dans la ville pour former les tankistes qui sont envoyés sur le front russe.

Je ne pourrai jamais me défaire du sentiment amer qui m'anime face à cette omniprésence des soldats allemands. Un mépris qui, transmis par ma mère, expliquera sans aucun doute ce que sera notre engagement.

Ma mère a déjà vécu cette situation, elle sait ce qui va suivre. Elle le sait. Mais je ne la verrai pleurer qu'une seule fois, ce jour d'août 1941 où nous assistons effarés, dents serrées, à l'enrôlement de nos jeunes compatriotes dans la Légion des volontaires français contre le bolchevisme (LVF), qui s'est installée dans la caserne Borgnis-Desbordes, avenue de Paris, en plein centre de Versailles. Le regard désespéré de ma mère à la vue de ces jeunes Français sanglés dans l'uniforme de l'occupant rend le spectacle plus désolant encore.

Nous avons honte, tellement honte.

Heureusement, le 27 août, lors d'une prise d'armes dans cette même caserne, cérémonie lançant le début de la collaboration active avec l'occupant et le départ des légionnaires pour le front de l'Est, un autre jeune Français, Paul Collette, ancien des Croix-de-Feu du colonel de La Rocque et membre de l'Action française, jadis engagé dans la Marine – son navire a été coulé pendant la bataille de Dunkerque –, bondit sur le groupe de personnalités. S'y trouvent Jacques Doriot, Marcel Déat, Fernand de Brinon et – surtout – Pierre Laval. Collette sort un pistolet et tire cinq balles de 6,35, blessant cinq personnes, dont Laval et Déat. Le chef du gouvernement de Vichy ne doit la vie sauve qu'à l'un de ses boutons de manchette qui dévie la balle à quelques millimètres du cœur… Condamné à mort puis gracié par Pétain à la demande de Laval, Paul Collette sera condamné aux travaux forcés à perpétuité, déporté en Autriche, à Mauthausen, selon les règles de *Nacht und Nebel* (« Nuit et Brouillard »), loi qui dicte de faire disparaître dans le secret absolu les ennemis du Reich, avant de finir ses jours dans l'oubli en Normandie, en 1995.

Son geste eut un impact indéniable sur l'opinion – on dit même que le dramaturge Jean Anouilh s'en inspira pour écrire son *Antigone*. Pour nous, alors, cet acte d'un patriote est la première manifestation du courage de la Résistance. Un signe d'espoir alors qu'autour de nous nombre de Versaillais, comme la plupart des Français, s'en remettent aux directives de Vichy, écoutent Radio-Paris, voire, pire encore, se rallient aux mouvements collaborationnistes de Doriot, Déat et autres groupuscules, se transformant en indicateurs de la police allemande et en complices de la Milice.

Chapitre III
Kaky

Versailles plonge dans une frileuse attente. Autour de nous, on entend peu parler de la Résistance. Comment pourrait-il en être autrement ? Une chape de plomb est tombée sur le pays. Discrétion de rigueur. À peine apprenons-nous que quelques jeunes de chez nous se sont mêlés à la manifestation qui a rassemblé plusieurs milliers d'étudiants et de lycéens devant l'Arc de triomphe à Paris, le 11 novembre 1940, pour commémorer l'Armistice. Cette marche fut considérée comme l'un des premiers actes de la Résistance. Mon frère est exclu de sa troupe scoute avec ses camarades par un certain abbé Goursat, de notre paroisse de Saint-Symphorien, qui ne juge pas ces jeunes gens suffisamment pétainistes. Grâce à sa maîtrise de l'allemand, Pierre se fait embaucher comme interprète au ministère des Affaires étrangères aux côtés de Maurice Dejean. Celui-ci entrera dans la Résistance et sera nommé après la guerre ambassadeur à Moscou[1]. Puis Pierre part s'installer à Bordeaux, où il noue ses premiers contacts avec la Résistance. En mars 1942 (je ne l'apprendrai que plus tard), sous le pseudonyme d'« Arnaud », il rejoint le réseau de renseignements Mithridate, l'un des premiers, dont le noyau dur est situé à Clermont-Ferrand. Laure Diebold, secrétaire de Jean Moulin, l'une des six femmes qui seront faites compagnons – et non compagnes – de la Libération par de Gaulle, en fera aussi partie.

Pour ma part, c'est grâce à mon professeur de lettres, Yvette Gouineau, que j'entre en contact avec la Résistance. Je suis en classe de seconde et prends des cours particuliers chez elle. C'est un professeur extrêmement dur, un « chameau », comme l'on dit alors. Ma mère m'accompagne à son domicile pour les leçons ; à la faveur de petites conversations, les deux femmes finissent par déduire qu'elles partagent le même point de vue sur l'occupant, à savoir un rejet clair et net. De fil en aiguille, Yvette me propose quelques actions ponctuelles. Il s'agit d'aller chercher des renseignements à différents endroits. Je me souviens ainsi d'avoir été dépêchée pour quérir quelques documents au domicile de M. de Vogüé, rue de la Tombe-Issoire à Paris. Personne ne me précise jamais le but de la mission

1. Maurice Dejean sera piégé par le KGB qui mettra dans son lit une jolie Soviétique. Le général de Gaulle réagira en lui disant : « Alors, on couche, maintenant !? »

ni ce que je dois rapporter. J'apprendrai plus tard qu'en fait, la « sévère » Yvette était engagée dans un réseau ; elle a participé à la manifestation de l'Arc de triomphe après avoir déposé une gerbe au cimetière des Gonards, à Versailles, devant le monument érigé en mémoire des soldats anglais morts pendant la Première Guerre mondiale. Son domicile de la rue Vergennes est en fait un poste de commandement clandestin d'où l'on reproduit et diffuse des discours du général de Gaulle. Yvette Gouineau est une figure de la Résistance.

Mais, à l'époque, j'ignore tout de ses activités. Je remplis les petites missions qu'elle me confie, essentiellement comme agent de liaison, sans poser de questions. Toutefois, cette femme m'effraie un peu par son attitude pour le moins dangereuse : elle se balade avec une croix de Lorraine épinglée sur sa veste – et ce, jusqu'en mai 1944 où, à la suite d'une perquisition de la Gestapo à son domicile, elle sera finalement arrêtée et déportée. Mais son comportement me refroidit.

Très vite, par l'entremise d'une camarade de lycée, Andrée Bes, je rejoins le mouvement Défense de la France où je me fais appeler « Kaky », mon surnom d'enfant. Un jour de 1941, Andrée me demande si je peux aller à Paris chercher quelques exemplaires du journal *Défense de la France* afin de les diffuser.

C'est ainsi que tout débute…

Le journal est imprimé dans plusieurs lieux clandestins à Paris et à Lyon. Je me rends plusieurs fois dans l'un des dépôts qui abritent des exemplaires, avenue du Maine dans le quartier de Montparnasse. Il s'agit d'un endroit tenu secret, pas un hangar avec des journaux du sol au plafond, mais une simple pièce dans un appartement. Andrée m'accompagne. Nous devons suivre scrupuleusement les directives : éviter au maximum les contacts, ne pas prendre le même train pour éviter les arrestations collectives. Dans les gares, les policiers allemands patrouillent avec une plaque sur la poitrine qui permet de les reconnaître aisément. Nous nous méfions aussi de la police française, et bien sûr encore plus de la Gestapo.

Le danger est partout. À la vue de certains uniformes, chaque fois, notre cœur s'emballe. Il nous faut être le moins repérables possible. Heureusement, j'ai l'air d'une gamine, avec mon allure de jeune lycéenne et mes socquettes blanches. Je cache les journaux dans des sacs à pique-nique en prenant mon air le plus innocent, m'efforçant d'être invisible.

Quand des alertes retentissent, tous les métros s'arrêtent très longtemps, et nous descendons alors des rames. J'ai suivi un nombre incalculable de fois le parcours entre les stations Concorde et Saint-Lazare, à pied dans les tunnels sombres. Très peu de trains relient la banlieue, et nous sommes donc obligées de courir pour rejoindre la gare. La menace des contrôles nous force à voyager séparément dans des rames mal éclairées, non chauffées, et nous sommes tenaillées par la crainte d'être bloquées par le couvre-feu.

Notre vie dépend du bon vouloir des occupants. Ces nazis que nous surnommons les « doryphores », du nom de ces insectes qui engloutissent les pommes de terre, veulent dévorer la France ! Il m'arrive de me retrouver coincée à la gare de Versailles-Chantiers alors que le couvre-feu vient d'être décrété. Sur le chemin menant à la maison, j'ai repéré des portes cochères que je peux ouvrir facilement afin de me cacher dès que j'entends les soldats frapper le pavé de leurs gros godillots… En route, je prends parfois un malin plaisir à glisser « mon » journal dans les boîtes aux lettres de collaborateurs, pour défier ces Français particulièrement couards et dangereux.

Les parents d'Andrée Bes – elle est fille unique, son père est un grand blessé de la guerre de 14 et très hostile à l'occupant – habitent en face de la gare de Versailles-Chantiers, et ils ont aménagé dans leur appartement une planque pour entreposer les exemplaires de *Défense de la France*. À partir du domicile des Bes, le journal est diffusé dans toute la région versaillaise, et notre groupe alimente aussi les usines de blindés Renault à Boulogne-Billancourt. Je distribue également des tracts sur lesquels sont dessinés quatre cochons qui, une fois assemblés, la feuille pliée en quatre, forment la tête de Hitler entourée de deux couteaux aux lames sanguinolentes. Dans chaque coin de la feuille sont inscrits les noms de Goebbels, Goering, Himmler et Ribbentrop, quatre des salopards du régime nazi… J'agis ainsi pendant près de deux ans, de 1941 à juillet 1943, en faisant en sorte d'être la plus discrète possible. Entre nous, nous limitons les échanges. Nous ne nous parlons pratiquement pas, et de toute façon nous nous connaissons peu. Quand on entre dans la Résistance, un mot d'ordre prévaut : bouche cousue. Il faut engager le moins de contacts possible, nous devons nous fondre dans la masse. Ici, l'ombre.

Le mouvement Défense de la France, fondé par Philippe Vianney et son épouse Hélène, qui a pris pour épigraphe une sentence de Pascal : « Je ne puis croire que les histoires dont les témoins se feraient égorger », regroupe un grand nombre d'étudiants, surtout à Versailles, dont Geneviève de Gaulle, qui deviendra une amie plus tard.

Mon frère travaille pour un autre réseau de renseignements. Il a pensé descendre vers l'Espagne pour rejoindre la France libre, mais en a été dissuadé par un membre du réseau Confrérie Notre-Dame (CND) Castille – créé par le colonel Rémy –, pour une raison bien simple : il parle l'allemand, ce qui le rend plus efficace sur le territoire. C'est ainsi qu'à vingt et un ans, dès 1941, il entre en contact avec le réseau Mithridate fondé en 1940, dont il devient un agent important.

Pierre se fait enrôler en qualité d'interprète auprès des Affaires d'Occupation de la mairie de Versailles et du Service du travail obligatoire (STO) de la place Hoche, où plusieurs personnes seront arrêtées – dont l'un de ses directeurs, M. de Coquart. Comme il en témoignera après la guerre, dans ces bureaux, « la plupart des membres du personnel chargé de préparer le recensement et le départ des travailleurs pour l'Allemagne appartenaient à un mouvement de résistance ou en étaient sympathisants. [...] Ce service organisait le sabotage systématique du recrutement et du départ des requis ». Fait marquant : l'incendie du fichier central, préparé notamment par Marcel D'Roubaix et son fils, surnommé Mickey, et par les résistants Triboulet et Fontenailles, qui seront arrêtés et déportés. Un acte qui réduit en fumée plus d'une année de travail.

Pierre réussit aussi à infiltrer la *Feldkommandantur* de La Celle-Saint-Cloud et, grâce à un officier autrichien aux sympathies francophiles, met la main sur des documents militaires allemands importants.

Ma mère accepte très bien que ses enfants s'engagent ainsi, malgré les risques. Elle ne cherche en aucun cas à nous dissuader d'entrer dans la Résistance. On peut même dire que, d'une certaine manière, elle nous y encourage. Et pour cause : elle-même en fait partie ! Maman héberge chez nous le technicien radio du réseau Mithridate, Serge François. Elle s'est mise à travailler, bien obligée, dans un office HLM, et accueille dans notre appartement des résistants recherchés par la Gestapo – nous avons dû quitter notre maison du boulevard de Lesseps. Ils sont nombreux, ces patriotes, à se succéder chez nous, je dois souvent laisser ma chambre à l'un d'entre eux et suis chargée de leur dénicher de l'alimentation, grâce notamment à de faux tickets que nous fabriquons.

Après l'invasion de la zone libre, papa nous rejoint à Versailles fin 1942 et nous apprenons qu'il est entré dans le réseau OCM (Organisation civile et militaire), où opère entre autres André Postel-Vinay[1]. Il rejoint

---

1. André Postel-Vinay entre dans la Résistance dès novembre 1940 et en deviendra l'un des principaux responsables dans la

ensuite Mithridate, lui aussi. Détestant viscéralement Pétain, il refusera de le saluer lors d'une revue militaire – un geste qui en coûte à l'ancien soldat qu'il est. Peu à peu, tous les membres de notre famille, chacun à sa place et en ignorant parfois ce que fait l'autre, rejoignent ceux qui ont choisi de ne pas se résigner. Ceux qui disent non à la fatalité d'une France écrasée par les nazis.

Nous décidons de nous battre, ma mère, mon père, mon frère et moi. Nos gènes nous portent naturellement vers cette lutte. « La France n'a plus de pain, de vin, de feu. Mais, surtout, elle n'a plus de lois. La désobéissance civique, la rébellion individuelle ou organisée sont devenues devoirs envers la patrie[1] », écrit Joseph Kessel dans *L'Armée des ombres*, le grand roman de la Résistance, qui deviendra culte grâce à son adaptation cinématographique par Jean-Pierre Melville. Nous basculons dans la clandestinité. Cette armée des Ombres, avec une majuscule pour moi, nous en ferons nous aussi partie.

---

région parisienne. Il participe notamment au réseau Pat O'Leary, chargé de rapatrier les militaires anglais. Arrêté en décembre 1941, il parvient à s'échapper après une tentative de suicide et rejoint Londres où il sera affecté au cabinet civil du général de Gaulle. Il sera fait compagnon de la Libération et poursuivra une carrière de haut commis de l'État après la guerre. Résistante elle aussi, son épouse Anise Postel-Vinay sera déportée.

1. Joseph Kessel, *L'Armée des ombres*, Alger, 1943.

Chapitre IV
Mithridate

À mesure que la guerre se prolonge, la vie ordinaire devient de plus en plus difficile ; les files d'attente s'allongent devant les magasins d'alimentation. Se nourrir est une obsession quotidienne. La valeur des tickets dépend de la catégorie spéciale à laquelle les boches nous rattachent – par exemple, « travailleur de force ». Moi, je suis étiquetée « J3 ». Il y a des tickets pour tout. On ne mesure pas, aujourd'hui, ce que cela peut signifier. Comme je le dirai souvent aux enfants devant lesquels je témoignerai après la guerre : « Vous poserez cinq ou dix grammes de pain sur une balance et vous verrez la minuscule quantité que ces quelques grammes représentent. »

Nous ressentons alors dans notre vie quotidienne le pillage méthodique de la France auquel s'adonne l'occupant. Et la terreur s'installe. Sont placardées sur les murs les premières affiches annonçant que des patriotes sont fusillés. Mes missions deviennent de plus en plus dangereuses. Je commence à comprendre que si l'on me fait ouvrir mon sac à dos ou mon cartable plein d'exemplaires de *Défense de la France*, je risque gros. Je lis, évidemment, la littérature que je transporte… Mais j'essaie de ne pas trop y penser pour ne pas être obnubilée et me retrouver tétanisée par la peur.

En 1941, nous apprenons les premières arrestations dans le milieu résistant de Versailles, celles de deux vétérinaires, les Dr Lafaye et Holstein, qui travaillent activement pour le réseau Hector spécialisé dans l'évasion. Ils mourront en déportation. Peu de temps après, c'est le petit groupe affilié au réseau Confrérie Notre-Dame (CND) Castille qui est démantelé, avec l'arrestation de la famille Facq-Laurent, dont tous les membres sont très actifs, au 2 de la rue Saint-Charles, dans le quartier versaillais de Montreuil. Georges Facq sera déporté au camp de Struthof en Alsace, où il mourra ; sa femme Michèle, assistante sociale, sa belle-sœur Madeleine Laurent et sa sœur subiront le même sort. Leur mère décédera à Fresnes.

Ainsi prenons-nous vraiment conscience du danger. Nous découvrons l'action infernale de la Gestapo, l'organisation méthodique des Allemands et les conséquences dramatiques que peuvent avoir nos actions.

Plusieurs endroits à Paris et dans ses banlieues servent de planques pour imprimer les exemplaires de *Défense de la France*, qui atteindra un tirage de 250 000 exemplaires – et même 450 000 en janvier 1944 ! –, un véritable tour de force à une époque où le papier est contingenté et où les machines sont rares, la circulation entravée, les communications surveillées et toute activité clandestine sévèrement réprimée. Nos camarades ont ainsi installé une presse, baptisée « La Teisch », au 17, rue de la Goutte-d'Or à Aubervilliers, dans l'usine Labordière qui travaille pour les Allemands. En cas d'alerte, le propriétaire, M. Rousseau, qui mourra en déportation, recouvre la machine d'une grosse caisse en bois sur laquelle sont apposées des affichettes « Fragile ». Une autre imprimerie clandestine, « La Coquillette », est implantée dans le quartier de la Bastille dans le lavoir de Mme Cumin, une femme dont l'âge, quatre-vingt-quatre ans, n'éveille pas les soupçons. Elle ne sera d'ailleurs jamais arrêtée. « La Grosse Margot » est une presse qui permet d'imprimer le grand format de *Défense de la France.* Elle est située rue Jean-Dolent dans le 14e arrondissement, en face de la prison de la Santé. À Versailles, ma camarade Andrée Bes, alias « Lucie de *La Défense* », et Maurice Lamy sont parvenus à se faire embaucher à la préfecture de Seine-et-Oise comme rédacteurs au service des Affaires de l'Occupation. Ils partagent le même bureau. C'est là que la Gestapo viendra arrêter le 24 juillet 1943 Andrée. Elle sera enfermée à Fresnes dans la même cellule que sa mère avant que celle-ci ne soit libérée, en novembre, alors que sa fille sera envoyée à Compiègne puis à Ravensbrück.

Je me souviens aussi des frères Bleton, Pierre et Jean, du quartier Saint-Louis, qui font partie de notre petit groupe de résistants versaillais. Ils seront arrêtés également – Pierre sera traîné d'un camp à l'autre en Allemagne. Comme nous, ils sont étudiants, membres de la Fédération des étudiants versaillais (FEV), mais j'ignore alors qu'ils sont aussi membres de Défense de la France, discrétion oblige. Nous agissons tous dans le secret. De petits groupes se forment à travers la ville, au lycée Sainte-Geneviève, au lycée Hoche, au collège Saint-Jean-de-Béthune…

À partir de 1942, les réseaux et mouvements s'organisent autour de plusieurs tâches : l'établissement de faux documents d'identité, la fabrication de cartes de ravitaillement imprimées clandestinement ou tout simplement « récupérées » au service du ravitaillement, le recrutement d'agents occasionnels de renseignements vers la France libre à Londres et de permanents dont il faut assurer toute l'intendance – nourriture, logement… –, la plupart vivant dans une totale clandestinité, ainsi que l'approvisionnement en armes.

Pour ma part, je m'acquitte des missions que l'on me confie – je suis la plus jeune du petit groupe de résistants –, d'abord pour Défense de la France puis, à partir de 1943, dans le réseau Mithridate où est déjà engagé mon frère et où nous rejoignent ma mère et mon père.

Mithridate est essentiellement un réseau de renseignements. À Versailles, on trouve aussi, dans un autre réseau, les trois fils du colonel Le Boette, héros de la libération de la ville, qui sont scouts avec mon frère : tous les trois seront arrêtés et déportés.

Se distinguent aussi les frères Tricaud, Yves et François. Ce dernier nous aidera beaucoup pour le ravitaillement grâce au trafic de tickets d'alimentation, témoignant ainsi du sens du partage que l'on observera dans la Résistance. Il y a également Marie Cadennes, dont le mari est officier de carrière et sera fait prisonnier militaire dans un *Oflag* ; son fils François est caché par ma mère dans son appartement, il a deux frères aînés partis rejoindre de Gaulle. Lui essaiera de passer par l'Espagne et sera assassiné par les miliciens. Autre femme héroïque, Anasthasia Walk dite « Nanette », future épouse Turpin. Elle travaille au central téléphonique, poste qui lui permet de recueillir d'importants renseignements sur l'armée allemande, qu'elle transmet à son réseau des PTT. Elle est arrêtée une première fois dès novembre 1940, accusée d'avoir falsifié des documents allemands et d'avoir facilité les déplacements nocturnes de résistants en fournissant des laissez-passer. Elle est condamnée le 5 février 1941 à trois cents jours de prison par le tribunal militaire de Saint-Cloud. Deux ans plus tard, le 30 août 1943, elle sera de nouveau arrêtée par la Gestapo, qui l'accuse d'être gaulliste et d'avoir donné des renseignements d'ordre militaire, en particulier sur la base aérienne de Villacoublay bombardée quelques jours plus tôt. Après plusieurs mois à la prison de Fresnes et au camp d'internement de Romainville, Nanette sera envoyée le 13 avril 1944 à Ravensbrück. On ne soulignera jamais assez le rôle joué par les postières dans la Résistance.

À l'instar de Nanette, les membres de Mithridate agissent pour recueillir des renseignements sur les petits aéroports autour de Versailles, dont celui de Villacoublay, qui accueillent les avions de chasse allemands. Mon frère parvient à mettre la main sur les plans, ainsi que sur ceux du central téléphonique installé par les Allemands route de Saint-Cyr.

Au château de La Maye, lieu versaillais mythique aujourd'hui transformé en clinique, les boches ont installé le service architectural qui centralise des documents majeurs pour les résistants et les armées alliées : les plans du mur de l'Atlantique, ceux de l'arsenal de Cherbourg, notamment. Mon frère parvient à les subtiliser – ce fait d'armes sera cité dans le certificat pour la Croix de guerre signé par de Gaulle. Et nous, plusieurs jeunes filles du réseau dont Mlles Wilmet et Nerot, allons les reproduire dans l'arrière-cuisine du restaurant de Mme Burel, rue du Maréchal-Foch, près du marché. Si seulement j'avais eu une tablette numérique moderne pour prendre en photo ces documents, ou même une photocopieuse ! Mais nous ne disposons pas de tout ce matériel, évidemment : nous n'avons que du papier-calque. C'est ainsi que nous recopions les plans du mur de l'Atlantique sur de petits bouts de calque. Il nous faut être le plus précises possible, au millimètre. Toute une filière s'organise à partir des copies de ces plans. Une fois notre travail accompli, mon frère les porte chez Mme Stewart. D'origine anglaise, elle dirige l'école Berlitz de Versailles. Puis les plans s'envolent pour Londres par avion

Lysander, identique à celui qu'empruntait Jean Moulin. Par cette même filière sont transmis des plans de matériel d'avion, ceux du central téléphonique situé route de Saint-Cyr, ou encore les relevés du terrain d'aviation de Guyancourt, base d'où partent les avions de chasse allemands, ainsi que d'autres petits aérodromes de la région.

Des renseignements complémentaires sont communiqués par l'intermédiaire de mon frère et de son radio, Serge François, tels les documents militaires sur les usines Renault, dont les fiches d'usinage des moteurs « Fockwulf 185 ».

Mon frère, Pierre Marié, témoignera : « Le cordon ombilical qui reliait le Réseau à partir de janvier 1942 au Bureau central de renseignements et d'action (BCRA) de Londres, c'est-à-dire le contact radio, se faisait à l'aide de postes manuels qui nécessitaient, pour les liaisons rapides, des asiles sûrs d'où l'on n'émettait que quelques minutes par jour afin de ne pas être repérés. »

J'ai aussi pour rôle de rechercher des lieux à partir desquels les radios peuvent diffuser. Il est dangereux d'émettre longtemps depuis un même endroit, et on ne peut pas dire que les portes s'ouvrent facilement pour nous accueillir… Les résistants chargés des transmissions radio font preuve d'un courage extraordinaire, beaucoup sont arrêtés et régulièrement exécutés sur place. Et parmi eux, souvent oubliées, des femmes en provenance d'Angleterre sont parachutées en France. Un engagement qui impose à la fois une formation physique – elles sont militaires – et une grande préparation technique.

Je me souviens ainsi de Violette Szabo et de Denise Bloch, deux parachutistes héroïques que je connaîtrai en déportation. Elles étaient toutes deux des agents secrets britanniques de la section F du Special Operations Executive (SOE). La première, née à Levallois-Perret d'une mère française et d'un père anglais, s'était mariée avec un lieutenant français des Forces françaises libres, Étienne Szabo, rencontré au début de la guerre. Ils eurent une petite fille, Tania, née le 8 juin 1942, avant que le père meure quatre mois plus tard lors de la bataille d'El-Alamein. Laissant sa fille à Londres, Violette – sous le nom de « Louise » – sera parachutée deux fois en France en 1944, d'abord en Normandie, en avril, d'où elle pourra transmettre à Londres des rapports sur des usines fabriquant du matériel de guerre allemand, informations importantes pour préparer le débarquement, puis dans le Limousin, en juin, où elle sera malheureusement arrêtée, torturée, puis déportée. La seconde, Denise Bloch, juive, opérera sous plusieurs noms – Danièle, Catherine, puis Ambroise – et pour le compte de plusieurs réseaux. Parachutée elle aussi à Lyon, Toulouse, Agen, puis dans la région de Nantes où elle est à la fois courrier, codeur et opérateur radio du réseau Clergyman à partir de 1942, elle est arrêtée en 1944 et déportée. Condamnées à mort par les services de contre-espionnage allemands, ces jeunes combattantes – vingt-quatre ans pour Violette, vingt-neuf ans pour Denise – seront toutes les deux, avec Lilian Rolfe, opératrice radio elle aussi, exécutées par les SS début 1945 au camp de Ravensbrück, d'une balle dans la nuque. Leurs corps seront jetés dans un four crématoire.

Il y eut aussi l'étonnante Noor Inayat Khan, fille d'un mystique soufi indien et d'une Américaine, née en 1914 à Moscou. Elle fut la première agente de la section F du SOE à être envoyée en France comme opératrice radio, dans le réseau PHONO, dépendant du SOE aussi et dirigé par Henri Garry. Elle réussit à transmettre vingt messages pendant quatre mois d'activité – sous le nom de code « Nurse » et une identité de couverture de bonne d'enfants – avant d'être trahie et arrêtée. Elle parvint à s'évader deux fois, se cacha dans les environs de Versailles, à l'école d'agriculture de Grignon, et à Paris chez les Garry, avant d'être reprise, enchaînée pendant neuf mois dans une prison et finalement exécutée à Dachau… sans avoir jamais parlé. Noor Inayat Khan, comme Violette Szabo ou encore Odette Sansom, courrier du réseau Spindle très actif dans le midi de la France, déportée à Ravensbrück, se verra décerner la George Cross et recevra l'Ordre de l'Empire britannique et, en France, la Croix de guerre à titre posthume.

Ne les oublions pas !

Nous émettons parfois depuis chez nous ou depuis le domicile d'amis patriotes qui, pour certains, paient de leur vie cette hospitalité. Plusieurs mois durant, nous travaillons dans les greniers de l'école d'infirmières du quartier de Notre-Dame dirigée par l'admirable Mlle Domergue, ou encore sous les toits de la maison du lycée de jeunes filles, avenue de Paris. Il faut faire bien attention à ce que les Allemands ne nous repèrent pas grâce à leurs voitures équipées de détecteurs « Gonio » (système de localisation goniométrique). Peu d'entre nous ont été préparés à cette vie dans l'ombre, mais les circonstances nous poussent à en apprendre tous les codes et les réflexes.

Las, malgré nos infinies précautions, le 3 février 1944, le lendemain de la Chandeleur, on tambourine à notre porte. Gestapo ! Ma mère prévient François Cadennes, qui se planque chez nous ; las, le malheureux est abattu dans sa fuite par les miliciens. Elle réussit aussi à avertir mon frère, qui s'enfuit et commence alors une vie d'errance clandestine. Il trouve d'abord refuge chez des amis versaillais. Mlle Domergue l'accueille au foyer des infirmières, puis Pierre est abrité, là aussi grâce à cette directrice, à l'internat du lycée de jeunes filles. Il passe ensuite chez une amie veuve qui vit avec ses trois enfants, Mme Gonce, une femme héroïque. Enfin, il trouve abri chez une parente à Paris, Mme Corderoy, rue Desbordes-Valmore. Encore une femme ! Mon frère sera souvent protégé par les femmes. Un clandestin ne devait pas rester trop longtemps au même endroit. De mon côté, j'assure la liaison avec les amis du Réseau et m'occupe de lui trouver tous les moyens de subsistance dont il a besoin, au prix de mille difficultés, Pierre n'ayant plus d'identité ni de tickets d'alimentation. Plus d'existence.

Condamné à mort, il fuit, la Gestapo à ses basques, passant de village en village. Il est protégé par une chaîne de solidarité et une conspiration – positive – du silence de gens ordinaires. Il faut souligner avec force ces engagements témoignés partout en France tant on a voulu perpétuer le mythe, il n'y a pas d'autre expression, d'un pays dont la population aurait été très largement pétainiste. Après Paris, Pierre fuit dans la région Sud-Loire avec son radio Serge François, puis gagne les Deux-Sèvres où, toujours poursuivi par la Gestapo, il parvient à joindre le maquis de la Maucarière. En juin 1944, il se cache à Borcq, chez des parents. Notre cousine, Mauricette Reil, nous a transmis le récit de ces jours clandestins. Elle raconte :

> Pour les gens du village, Pierre était un jeune homme très malade qui venait se reposer à la campagne. Ils ignoraient qu'en réalité, il faisait de la résistance à Versailles. Son réseau ayant été découvert, Pierre savait qu'il serait fusillé si on le trouvait. Il a donc installé son QG chez ma grand-mère. Une table lui servait de bureau. Il s'y trouvait des plans, des papiers, des carnets d'adresses et un poste émetteur. Chaque semaine, une jeune fille de Poitiers qui s'appelait Marie Bureau lui apportait des renseignements. Elle venait à vélo et couchait dans ma chambre. Peut-être était-elle amoureuse de Pierre, car ces jours-là il cachait la photo de sa fiancée Colette dans un tiroir. Mais ils ne me racontaient rien.

Pierre fait bien attention, prenant mille précautions lors de l'émission de ces informations pour ne pas être repéré par les puissants appareils de détection allemands. Malheureusement, au bout de quelque temps, les boches finissent par retrouver sa trace.

> Au village, poursuit Mauricette, un dimanche de juillet, la Gestapo est venue. Nous sortions de la messe. Une traction s'arrête, deux hommes vêtus de noir, chapeau noir, descendent et demandent la direction à prendre pour aller chez M. Reil. Pierre, livide, me serre le bras et me dit : « C'est moi qu'ils cherchent, va prévenir tante Marie, prend mon carnet d'adresses, la photo, le poste émetteur que ton père jettera vite dans la mare ! » Il part d'un côté, moi de l'autre.

Notre cousine s'acquitte avec habileté de sa mission, « sans penser un seul instant, précisera-t-elle, que j'aurais pu rencontrer "ces messieurs" le poste sous le bras ». La Gestapo déboule dans la maison qu'elle met sens dessus dessous, fouillant les lits, les armoires et même les cheminées. Et repart bredouille. Pas de Pierre ni de poste radio. Rapidement, la famille s'est mise en branle pour protéger mon frère.

Mauricette relate :

> La fuite et la sécurité de Pierre s'organisaient vers un petit bois, proche des fermes. Mon père allait lui porter sa nourriture. Il y passera trois nuits. Puis, dans une brouette remplie de paille, il lui a rapporté le poste et Pierre est parti à travers champs vers les villages poitevins d'Availles puis d'Argentine, dans la famille, jusqu'à ce qu'il apprenne l'arrestation de ses

parents et de sa sœur. Atterré, bourré de remords, il a dit : « Fini la clandestinité. » Et il est parti. Où ?

Les policiers de la Gestapo cherchent Pierre partout et, en juin 1944, reviennent chez nous, fouillent de fond en comble notre appartement et nous embarquent, mon père, ma mère et moi, dans une de leurs sinistres tractions avant Citroën noire. Encadrés par trois « gestapistes » dont l'un est interprète, nous roulons vers la prison de Fresnes. Je ne peux emporter en tout et pour tout que ma brosse à dents et un seul livre, *La Méthode Montessori* – j'ai alors l'idée d'une carrière professionnelle dans les tribunaux pour enfants.

À Fresnes, ma mère et moi sommes très vite séparées de mon père – la prison est divisée en deux sections, l'une réservée aux femmes, l'autre aux hommes. Nous craignons pour sa vie. Il est malade, diabétique, et vit depuis de nombreuses années avec une dose quotidienne d'insuline. À partir de son arrestation, il ne pourra plus recevoir de médicaments. J'ai encore en mémoire l'image de mon père nous quittant dans un couloir de la prison de Fresnes. Sa silhouette qui s'éloigne, encadrée par deux soldats allemands.

Vers quelle destination vas-tu, papa ?

Nous pensons alors ne plus jamais le revoir.

Chapitre V

Le placard

Ma mère et moi sommes placées « au secret ». C'est ainsi qu'est dénommée la partie de la prison à laquelle nous sommes affectées. Séparées pour ne pas pouvoir nous parler, chacune isolée dans un « placard », puis emmenées dans des cellules différentes. Au secret et dans un placard, on pourrait rire des mots employés si la situation n'était pas tragique. Notre vie est en train de basculer. La cellule de maman donne côté cour et la mienne, au numéro 99, côté campagne. De là, j'entends les voix des familles de prisonniers qui, à l'extérieur, se réunissent pour les interpeller. Mon seul contact avec l'extérieur est le vasistas, comme dans une cave, par lequel les nouvelles bonnes et mauvaises se faufilent – on appelle cela « Radio Fresnes ».

La cellule, évidemment, est très spartiate : un lit en fer accroché au mur, un tabouret, une arrivée d'eau au-dessus d'une cuvette de W.-C. Pas de lavabo.

Nous tapons sur les tuyaux de la robinetterie pour transmettre des messages d'une cellule à l'autre, communiquant en code morse comme nous l'avons appris chez les scouts.

C'est par ce moyen que je fais la connaissance de ma voisine. Pendant des jours entiers, je ne vois jamais son visage, mais elle me devient très proche et sa voix, familière. À son retour des interrogatoires, je l'entends gémir. J'essaie d'apporter quelques mots de soulagement à sa souffrance, en envoyant des signaux en morse. « Ça ne durera pas. » Ti… ti… taah… « Nous nous en sortirons, ne t'inquiète pas ! » Ti… ti… « On finira par les avoir ! » Je découvrirai plus tard son identité. Elle s'appelle Marie Médard, elle était bibliothécaire avant la guerre. Heureusement, comme elle est protestante, la foi l'aide à tenir. J'apprendrai à la connaître dans les camps. Marie restera à jamais une amie chère.

Nous sommes surveillées par des gardiennes allemandes, des boches très rudes. Elles aboient, vitupérant avec haine « Ah, ces Françaises ! », et en même temps on les sent jalouses ; une fois, je les surprends à parler de nous avec envie parce que, disent-elles, nous nous habillons d'un rien. Je n'en ai connu aucune qui ait manifesté à notre égard d'un peu d'humanité…

J'ai aussi un souvenir assez précis d'un prêtre dont j'apprendrai après la guerre qu'il s'agissait de l'abbé Franz Stock. Aujourd'hui, ce prêtre allemand est devenu une icône chrétienne pour les multiples gestes d'humanité qu'il a eus à l'endroit des prisonniers de

Fresnes, de la prison du Cherche-Midi, ou encore des hommes qu'il a accompagnés jusqu'à la mort au Mont-Valérien. L'abbé Stock passe des messages entre les familles et les détenus. Comme il parle français, il joue ainsi l'intermédiaire entre maman et moi, nous permettant de nous transmettre des nouvelles. Mais, lors de notre première rencontre, il me flanque une frousse terrible : il n'est pas vêtu d'une soutane, mais d'un uniforme militaire noir. J'ai en face de moi un soldat allemand, quel drôle d'effet !

Pour passer le temps dans ma cellule, je lis et relis mon livre sur la méthode Montessori, à l'endroit et à l'envers, je chante aussi beaucoup, des chants folkloriques et des classiques de Beethoven, entre autres, appris quand je faisais partie d'une chorale étudiante. La musique me permet d'adoucir mes angoisses, ce quotidien rythmé par les bruits brutaux et métalliques de la prison, les appels pour les interrogatoires, les lourdes portes qui claquent, les départs des prisonniers, quand, chaque fois, on se demande si notre tour est arrivé… Puis, un jour, on nous extrait du secret et on me transfère dans une cellule de même taille, mais peuplée, surpeuplée même. Je cohabite dans ce lieu exigu avec cinq personnes : Mme Mouette, sa fille et Denise Marin, qui a accouché d'une petite fille dans la prison quelques mois auparavant, toutes trois résistantes, et deux autres prisonnières, Marie-Loup Marelli et une modiste. Difficile de coexister dans cet espace à l'origine prévu pour une seule personne, d'autant qu'en cet été 1944 la chaleur est étouffante. Seules quelques paillasses ont été ajoutées au sol pour dormir, point final. Nous laissons le seul lit de la pièce à la plus âgée d'entre nous.

À intervalles réguliers, l'une après l'autre, on nous fait sortir pour nous pousser dans des fourgons divisés par des grilles, chaque prisonnier séparé des autres pour qu'aucune communication ne soit possible, qu'aucune information ne circule. Et on roule dans Paris.

Où nous emmènent-ils ?

Nous ne le savons pas, personne ne nous le dit. Mais nous nous doutons de notre destination : les bureaux de la Gestapo. Les unes sont dirigées vers le numéro 93 de la rue Lauriston, dans le XVIe arrondissement de Paris, surnommé la « carlingue », sous la coupe des Français, dont les sinistres Henri Lafont et Pierre Bony. Les autres, c'est mon cas, sont acheminées vers le 11 de la rue des Saussaies, dans les locaux de la SHIPO, la sécurité allemande tenue par Kurt Lischka. Où l'on nous passe à tabac pour nous extorquer des renseignements.

Les interrogatoires, je n'aime pas m'en souvenir, je n'aimerai jamais. Ils cherchent des informations sur mon frère, ils veulent savoir où il se trouve, ils nous cuisinent, ma mère et moi. J'apprendrai plus tard qu'ils lancèrent un jour à maman :

— Tu ne veux rien dire sur ton fils : c'est pas grave, de toute façon il a été fusillé.

Et ils la laissèrent en proie à sa douleur. Elle essayait de se rassurer en se disant :

— Mais pourquoi continuent-ils à me questionner s'ils ont fusillé Pierre ?

Les interrogatoires se déroulent dans une salle avec une baignoire à l'eau dégoûtante dans laquelle on nous plonge avant de nous en ressortir. Quand on tombe dans les pommes, ils nous raniment et ils recommencent le supplice. Ils nous frappent avec tout ce qui leur passe sous la main. Les gifles, les coups, les hurlements… Je ne peux pas supporter de me souvenir de toutes ces tortures ! C'est un cauchemar qui continue de me hanter aujourd'hui encore. Nous sommes comme des mannequins de chiffon dont ils peuvent faire ce qu'ils veulent. Nous ne sommes plus rien. Des épaves. J'essaie de me défendre en disant que je suis la gamine de la famille, que je n'ai rien vu, rien su. Les coups redoublent. Et ils hurlent comme si nous étions des animaux…

De retour dans nos cellules, on entend les gémissements de celles qui ont subi l'interrogatoire. Les murs ne sont pas épais. La prison résonne des plaintes. Mais il faut tenir, tenir toujours. Ne pas pleurer. Ne jamais pleurer devant nos bourreaux. C'est notre manière de prolonger la résistance. Nous voir craquer leur procurerait trop de plaisir. J'apprends à ne plus pleurer…

Dans la cellule, heureusement, une certaine solidarité s'organise. Il fait une chaleur étouffante, nous sommes six femmes à vivre en vase clos, c'est pénible, harassant, mais on s'efforce de se soutenir mutuellement, on fait tout pour oublier l'enfer dans lequel nous avons été jetées. On partage nos souvenirs.

Chacune apporte quelque chose de plaisant, sur sa région d'origine, les voyages qu'elle a pu effectuer. On sait que le débarquement en Normandie a eu lieu, donc on espère que la fin de la guerre est proche. On ignore alors qu'il nous faudra tenir encore un an...

La prison de Fresnes est dans un état déplorable et la surpopulation n'arrange pas les choses. Pour s'évader – en pensée – de cet enfer, nous récitons des poèmes. Nous déclamons des vers de Racine, de Corneille... Nous essayons de rebâtir des actes du *Cid*. Nous disons du Molière, des *Fables* de La Fontaine. C'est formidable, les *Fables* de La Fontaine : elles ramènent à la vie ordinaire, elles aident à décrypter les caractères humains, un soutien moral infaillible. Tout cela nous aide beaucoup, nous permet de survivre. Certaines de nos camarades, pieuses, trouvent refuge dans la foi. Moi, je préfère l'amitié, qui tiendra toujours un grand rôle dans ma vie, étant plus visible que Dieu.

Nous sommes restées un mois et demi enfermées à Fresnes. Jusqu'au 15 août 1944, où l'on nous extrait de nos cellules. On nous place en colonnes et on nous entasse, très nombreuses, dans des bus parisiens vert et jaune, encadrées par des soldats allemands.

Nous traversons les rues de Paris au petit matin dans un silence impressionnant, sous les regards de rares passants dont on a la sensation qu'ils contemplent notre défilé avec effroi et tristesse, en tout cas qu'ils nous plaignent sans mot dire. Le convoi arrive à la gare de marchandises de Pantin et les soldats nous sortent des bus en hurlant et en nous frappant avec les crosses de leurs fusils. Nous sommes soumises à une avalanche de coups.

On aperçoit alors un très long convoi de wagons à bestiaux, dans lesquels on nous entasse. Je ne sais pas ce que sont devenus mon père et ma mère. Je n'ai plus aucune nouvelle. Plus aucune…

Chapitre VI
Le convoi

Nous formons un convoi de plus de six cents femmes. Des hommes aussi en font partie, mais nous ne sommes pas mélangés. C'est un très long serpent composé de vieux wagons à bestiaux. Nous sommes encadrés par tant de soldats et d'officiers qu'il nous semble être surveillés par toute l'armée allemande. On nous pousse dans les wagons à force de cris et de coups. Les vociférations de ce monde armé ajoutent à notre traumatisme. Il n'y a pas d'escalier pour grimper dans les wagons, simplement un marchepied en hauteur. Facile à atteindre pour une gamine comme moi ; mais, pour les femmes âgées ou malades, c'est un obstacle de plus. Dans chaque wagon sont entassées à peu près une centaine de prisonnières, pour l'essentiel des résistantes. Nous avons à disposition un grand seau d'eau pour boire – comme on peut l'imaginer, il ne va pas rester plein longtemps – et une tinette – un récipient en tôle servant de toilettes ;

pour une centaine de personnes, vous imaginez… La vie était alors certes moins policée qu'aujourd'hui, mais se servir de la tinette devant tout le monde, quelle humiliation sordide ! Nous nous y habituerons, comme à tout, nous n'avons pas le choix : nous ne prêterons plus attention au regard des autres. Mais ce n'est pas parce que nous sommes entassées que nous n'avons plus de corps, plus d'intimité. Le traitement qui nous est infligé est indigne. Notre déshumanisation est en marche !

Nos geôliers tirent la porte de notre prison roulante. La chaleur est suffocante. Nous attendons des heures et des heures à quai avant que le convoi s'ébranle dans un bruit de ferraille assourdissant. Je découvre que la plupart de mes camarades sont passées entre les mains de la Gestapo. L'une d'entre nous, Sylvie Girard – qui deviendra plus tard Sylvie Cordier –, a même été écartelée, elle est marquée à jamais ; nous l'avons installée dans l'un des angles du wagon pour la protéger, afin qu'elle ne soit pas bousculée ni piétinée. Qui n'a pas vécu cela ne peut imaginer pareille sinistre ambiance.

Nous sommes parquées dans des conditions infernales. L'espace est tellement exigu que nous sommes obligées de nous relayer pour, tour à tour, nous asseoir et nous tenir debout. C'est le seul moyen que nous trouvons pour survivre. Les places assises ne sont pas suffisantes pour tout le monde. Peu à peu, nous allons nous écrouler les unes sur les autres, tassées comme du sable dans un verre.

Le train nous secoue. Le matériel ferroviaire, ancien, fait un bruit épouvantable, et de ce fracas de tôles s'échappent des gémissements. Dante n'aurait pas imaginé pire scène. Comment peuvent-ils ? Les animaux qui sont habituellement transportés dans ces wagons doivent sans doute être mieux considérés, en tout cas mieux traités... Nous sommes plongées dans le noir, comprimées par notre proximité, mais aussi par l'anxiété. Les questions s'entrechoquent dans nos têtes. Me reviennent en mémoire les bribes de récits de mon grand-père, de ma mère et de sa sœur sur leur calvaire de 1914. J'espère de tout mon cœur que mes parents ne sont pas du voyage.

Où es-tu, maman ?

Que deviens-tu ?

Voici que notre convoi s'arrête. Plongées dans le noir, nous ignorons où nous nous trouvons. Les Allemands éructent et les bruits de leurs bottes martelant le sol résonnent le long des voies. Une odeur de fumée se répand. Les minutes passent, longues, interminables. Nous finissons par manquer d'air. Nous n'osons plus parler. Et soudain, dans cette atmosphère lugubre, au milieu d'un silence crépusculaire, l'une de nos camarades entonne l'*Ave Maria* de Schubert. Nous pensons que nous allons mourir étouffées, et ce chant, cette voix magnifique nous raccroche un instant à la vie. Durant toute mon existence, je garderai de ce moment un souvenir poignant. Croyantes ou non, nous écoutons toutes ce chant merveilleux dans un silence religieux, qui assourdit les cris et les hurlements de nos geôliers. Cette voix nous transmet une force extraordinaire.

Puis, tout à coup, le train repart. Mais à reculons. Nouvel arrêt. Les soldats ouvrent les portes avec fracas. « *Raus... Raus... Los, los* », lancent-ils en nous poussant dehors, vite. Éblouies par la lumière, hagardes, tirées hors du wagon, nous nous retrouvons alignées sur le bas-côté. On nous regroupe cinq par cinq, « *fünf zu fünf* » : cette expression-là, on va nous l'assener tout au long de notre vie de déportées. Nous sommes en plein champ, à l'entrée d'un tunnel, formant une colonne interminable. Les soldats nous frappent, nous imposent de marcher sous un soleil de plomb, le long des voies, en rase campagne. Nous parcourons ainsi plusieurs kilomètres, puis nous traversons un village dont les habitants nous regardent horrifiés, nous tendent quelques verres d'eau et de lait que nous saisissons avec avidité, nous qui mourons de soif... Mais ceux qui essaient de nous donner à boire sont violemment repoussés par les soldats. Certains prisonniers tentent de s'évader, les Allemands leur tirent dessus.

Nous arrivons sur les bords de la Marne que nous traversons sur un pont en bois sommaire. Plusieurs kilomètres encore – six au total, nous dira-t-on plus tard –, nous atteignons une autre gare où se trouve un second convoi de wagons à bestiaux. À nouveau, nous nous y retrouvons entassées. Nous apprendrons bien après qu'un pont à la sortie du tunnel, situé à Nanteuil-Saâcy, en Seine-et-Marne, a été bombardé. C'est pour cette raison que la locomotive a dû s'arrêter *in extremis*. Nous aurions toutes pu être précipitées dans la Marne. Au moins la mort nous aurait-elle saisies plus rapidement…

Et dire qu'après la guerre, habitant un temps à Nancy, j'emprunterai à de multiples reprises cette ligne de train !

Par la porte de notre wagon, qui est restée entrouverte, nous apercevons une colonne d'hommes prisonniers, embarqués comme nous à Pantin. Certains portent les marques de sévices subis en prison. Ils marchent le long de notre train, encombrés de lourds paquetages, les cantines des SS. Sur une voie parallèle, on voit surgir un train de ligne empli de militaires allemands, de « souris grises » comme l'on désigne les femmes en uniforme, mais aussi de Français, sans doute des collabos qui s'échappent devant l'avancée des premières troupes alliées.

Ce beau monde est en fuite…

Dans la soirée, après de longues heures d'attente sous une chaleur écrasante, notre train repart toutes portes fermées. Une fois que nous avons passé la frontière et que nous roulons sur le sol allemand, la Croix-Rouge est autorisée à nous donner un peu de nourriture, mais nous en manquerons beaucoup, et surtout d'eau. Tout au long de cette captivité, je souffrirai énormément de la soif. Avoir soif, c'est horrible. Pire encore qu'avoir faim.

Nous ne savons toujours pas où l'on nous emmène. Des mitrailleuses ont été installées sur les toits des wagons ; pendant quelques arrêts, les Allemands tirent des rafales pour impressionner les fuyards potentiels. Depuis les wagons, des centaines de petits papiers sont jetés par les lucarnes, derniers messages pour nos familles que les cheminots recueilleront et feront parvenir à leurs destinataires… À un nouvel arrêt, les wagons qui renferment les hommes sont détachés. De ce que nous entendons, nous en déduisons que notre convoi est stationné dans la gare de Weimar, à sept kilomètres de Buchenwald, le camp de déportation où échoueront les hommes de notre convoi.

Des wagons où sont enfermées les femmes monte « Ce n'est qu'un au revoir mes frères ! ». Beaucoup de ces frères, comme de nos sœurs, ne reviendront jamais. Pour l'instant, nos camarades attendent sur le quai. Parmi eux, je ne l'apprendrai qu'après la guerre, se trouve mon père.

Chapitre VII

Les regards des enfants

Au total, ce voyage éprouvant nous aura pris sept jours et sept nuits, du 15 au 21 août 1944. Tout le long du parcours, les bruits des tirs, les tentatives d'évasion aggravent notre anxiété. La saleté, l'entassement inimaginable de ces femmes épuisées, épouvantées, dans une atmosphère hallucinante, rendent l'épreuve surréaliste.

Quand les portes du train s'ouvrent enfin, nous sommes toutes dans un état second, anesthésiées par l'angoisse, ankylosées par la chaleur... À coups de crosse de fusil, on nous pousse à l'extérieur des wagons, les malades et les vieilles dames sont littéralement jetées à terre sans ménagement.

Sur le quai nous attendent les femmes SS, celles que l'on appelle les *Aufseherinnen*, ces soldates presque toutes accompagnées d'un chien-loup et dont nous allons subir au quotidien la cruauté. Hagardes, apeurées, rangées *fünf zu fünf*,

« cinq par cinq », nous prenons la route. Notre convoi s'étire en colonnes de femmes misérables, claudicantes, tenaillées par la faim et, pire encore, par la soif. Nombre d'entre nous, éclopées ou âgées, ont du mal à se déplacer, certaines tirent des valises et des paquets qu'elles ont voulu garder et qui, maintenant, les embarrassent. Nous portons pendant plusieurs kilomètres nos compagnes les plus handicapées et notre amie écartelée Sylvie – qui survivra grâce à ce soutien –, sous la double surveillance des soldats SS et des *Aufseherinnen*.

Quel est donc le but de cette funeste errance ? Nous traversons un grand bourg aux maisons coquettes dénommé Fürstenberg. Nous ne croisons pas âme qui vive dans les rues, mais des rideaux se soulèvent parfois, dévoilant quelques silhouettes d'habitants qui nous suivent du regard. Après cette marche harassante – ce ne sera pas la seule que nous aurons à subir –, au cours de laquelle certaines d'entre nous sont abandonnées sur le bas-côté, s'effondrent même, nous pénétrons dans un camp.

Mais combien de temps ce cauchemar va-t-il durer ?

En quelques jours, nous avons été transformées en zombies. En zombies errantes. Voilà ce à quoi nous sommes réduites. Depuis notre départ de Fresnes, nous n'avons cessé de descendre dans l'échelle de l'humanité. Nous avons quitté la France, nous étions encore des femmes prisonnières ; nous voici désormais comme des bêtes qui partent à l'abattoir.

Faut-il céder à l'accablement ? Ou tenter de l'endiguer par l'humour ? Rire pour ne pas sombrer, comme me le conseillait mon père, cet homme d'esprit, quand j'étais enfant. Rire pour se prouver que l'on est encore en vie, que l'on est encore capable de réagir. Rire, encore et toujours. Rire, c'est résister.

Nous passons un portail monumental ; le camp s'étend devant nos yeux. Nous sommes parquées sur une immense place encerclée de sinistres baraques – on apprendra plus tard que le camp en compte trente-deux. Cette grande place formera pendant des mois le cœur de notre vie, puisque c'est ici que se dérouleront les appels. Nous y serons souvent assignées, dans des conditions terribles. Nous sommes si épuisées que certaines de mes compagnes de misère s'écroulent par terre.

C'est alors qu'une nouvelle scène incroyable s'insinue dans notre cauchemar, comme pour le surligner. Alors que nous attendons sans savoir quoi précisément surgissent deux êtres habillés de robes rayées. Des femmes ? Comme elles ont les cheveux tondus, nous ne parvenons pas à bien distinguer. Ces individus traînent un grand tuyau d'arrosage.

Enfin, nous allons pouvoir boire. Les visages épuisés et tendus s'ouvrent quelque peu. Boire. Depuis des heures, nous n'aspirons qu'à cela. Six cents femmes guettent le tuyau d'arrosage en espérant l'eau salvatrice. Espérance vaine. Cruauté supplémentaire, cruauté ordinaire, il faudra bien s'y habituer : aucune d'entre nous ne recevra ne serait-ce qu'une cuillère à café d'eau. Pas la moindre goutte. Même pour la plus malade d'entre nous. Il y a pire encore. Voici que les prisonnières se mettent à arroser la partie vide de la place, face à celle sur laquelle nous sommes assemblées. Un supplice de plus. Au même moment arrivent d'autres fantômes rayés. Oui, ce sont des femmes aussi. Certaines portent des outils. L'une d'entre elles nous lance en français :

— Si vous avez encore un peu de nourriture sur vous, jetez-la, parce qu'on va bientôt tout vous prendre et vous allez vite nous ressembler.

Dans quel cauchemar sommes-nous embarquées ? Ces femmes ont dû commettre des crimes épouvantables pour être traitées de la sorte. Mais nous, nous ne sommes pas comme elles, nous n'avons rien de grave à nous reprocher, nous serons épargnées…

Il nous reste encore quelques illusions. Elles ne tiendront pas longtemps. Nous allons vite apprendre que nous venons d'entrer dans le camp de concentration pour femmes de Ravensbrück, à quatre-vingts kilomètres au nord de Berlin, près des rives de la mer Baltique. De 1939 à 1946, cent dix-sept mille femmes de vingt-trois nationalités différentes seront parquées dans ce camp conçu à l'origine pour… dix mille prisonnières. Cet ensemble de blocks et de baraques a été bâti sur des marécages et des dunes, un terrain inhospitalier que les détenues durent d'abord assécher pour installer les seize premiers bâtiments, quartier surnommé alors la « petite Sibérie ». Desservie par des rails et des routes, Ravensbrück, c'est une forteresse aux hautes murailles flanquées de miradors surmontés de projecteurs, entourée d'une double ceinture électrifiée.

Par petits groupes, nous voici acheminées vers une baraque, sous les cris de *Los !* et *Schnell !* que nous entendrons si souvent. On nous arrache les quelques affaires qui nous restent. Dénudées, on nous passe sous les douches, puis on nous jette des robes rayées ou d'autres, informes, simples draps de tissu rapiécés et affublés d'une grande croix découpée dans le dos. La robe que l'on me donne n'a qu'une seule manche, elle est très longue et cache mes jambes – ce que j'apprécierai ensuite lors des interminables appels où nous sommes plusieurs centaines à patienter, debout, dans le froid. On nous attribue aussi une paire de chaussures, enfin, c'est beaucoup dire : ce sont des espèces de grosses galoches aux semelles de bois très lourdes agrémentées d'une tige en faux cuir qui s'incruste dans la chair. Des galoches beaucoup trop grandes pour moi : je chausse du trente-six, celles que l'on m'octroie sont de taille quarante ou même quarante et un. Nous nous auscultons du regard, attifées dans ces accoutrements bizarres, et certaines d'entre nous sont prises de fou rire devant ce spectacle tellement incongru.

Venons-nous de pénétrer dans l'antichambre de la folie ?

Cette arrivée à Ravensbrück, Micheline Maurel saura trouver les mots pour la décrire comme nous l'avons toutes ressentie dans son livre *Un camp très ordinaire*[1].

Voici le récit qu'elle en dresse :

> Un bout de savon, une serviette grande comme un mouchoir, la douche, et l'on défile nues et à toute

1. Éditions de Minuit, 1957.

> vitesse devant des femmes aux cris démoniaques qui vous lancent à la figure un pantalon gris, à gros cordons, une chemise grise, une robe rayée, deux galoches dépareillées. On enfile cela, *schnell ! schnell !* Les gifles tombent, les injures jaillissent. Et de nouveau, cinq par cinq, on nous emmène dehors, *schnell ! schnell !* Nous filons, *schnell !* traînant nos galoches sur le sable noir. Une baraque verte. Un immense dortoir plein de châlits de fer à trois étages montant jusqu'au plafond. C'est à peine si l'on peut passer entre les rangées de châlits. Une voix furieuse nous crie de nous coucher. On entend quelques sanglots. Mais longtemps encore personne ne parle.

Notre seule richesse, comme celle de tous les déportés, c'est la gamelle. Celles qui nous ont précédées dans ce camp maudit nous conseillent de bien prendre garde à ne pas nous la faire voler. Il y va de notre survie, disent-elles.

— Plus de gamelle, plus de soupe, vous mourrez plus vite…

On coud sur nos robes un numéro et un triangle dont la couleur correspond à la catégorie de prisonnières à laquelle les nazis nous rattachent. Vert pour les détenues de droit commun, violet pour les *Bibelforscherinnen*, à savoir les Témoins de Jéhovah, noir pour les « asociaux », les Tsiganes mais, d'une manière plus globale – comme le note Germaine Tillion dans son livre *Ravensbrück* qu'elle publiera après la guerre[1] –, ce que l'on appellera plus tard en France

1. Édition actualisée : Points Seuil, 2015.

le « quart-monde ». Nous, nous recevons un triangle rouge, la marque des déportées politiques, avec un « F » majuscule pour signifier « France ».

Dorénavant, je suis le matricule 57595. Nous ne sommes plus que des numéros. Nous sommes privées d'identité. Nos bourreaux ne nous appellent plus que des *Stücke*, des « morceaux », comme ils disent…

À travers le camp, nous croisons des êtres qui nous inspirent un certain effroi. Ce sont des déportées plutôt jeunes aux jambes couvertes de plaies. Nous apprenons que ce sont de jeunes Polonaises – on en dénombrera au total soixante-quinze – qui ont servi de cobayes. L'ignoble professeur SS Karl Gebhardt, spécialiste de l'ostéologie chirurgicale, décoré par le Führer lui-même, s'est livré sur ces femmes à des expérimentations, leur prélevant os et muscles et infectant les blessures par des maladies – à son procès, il tentera de se défendre en arguant que, de toute façon, elles étaient condamnées à mort… Les camarades nous informent que certaines Tsiganes ont également été soumises à de telles expérimentations, notamment la stérilisation, et sont mortes dans des souffrances atroces. On appellera ces martyres les « petits lapins » de Ravensbrück.

En sortant de la baraque des douches, je retrouve ma mère. En la voyant, la petite lueur d'espoir que je continuais à caresser sur son sort s'éteint. Maman est ici ! Maman n'a pas échappé aux interrogatoires, au voyage dantesque dans les wagons à bestiaux ; elle est devant moi, à Ravensbrück. Elle aussi a été transformée en concentrationnaire. En fantôme. Comme nous toutes. Comme moi, sa fille. Je vois bien qu'elle essaie également de masquer sa déception de me retrouver dans cet enfer, elle a tellement espéré que la police m'avait relâchée. Ma petite maman, digne et courageuse… Ses yeux ont du mal à cacher sa stupeur de me découvrir dans pareil état. Il est plus difficile de voir souffrir un être que l'on aime que de souffrir soi-même.

Quand je lui apprends que je suis passée entre les mains de la Gestapo, maman me lance d'emblée :

— As-tu parlé ?

Puis elle s'inquiète de mon frère, de mon père, dont elle craint que lui aussi ne soit déporté dans un camp semblable… Mais nous n'avons guère le temps d'échanger : un kapo nous hurle dessus et nous pousse en courant vers une baraque.

Une nuit noire enveloppe le camp et nous ignorons dans quel lieu nous entrons. Heureusement, nous sommes toutes les deux, à nouveau réunies. On nous pousse, on ne sait pas pourquoi, on ne sait pas où, on se tient comme on peut. Nous sommes plongées dans le noir. Quand enfin un peu de lumière point, à 4 h 30, l'heure fixe du réveil de tous les matins, on découvre une immense pièce remplie de châlits superposés. Nous avons pénétré dans la baraque 24 où sont entassées toutes les femmes de notre convoi, « les 57 000 ». Jusqu'à notre mort à chacune.

Chaque châlit mesure soixante-dix centimètres de large et nous allons devoir le partager à trois ! Celles qui sont arrivées les premières dans le camp nous expliquent qu'à l'origine, chaque paillasse était dévolue à une personne. Nous voilà allongées à trois, tête-bêche, comme des sardines, sur ces matelas infestés de punaises : imaginez nos nuits !

Ma mère et moi partageons nos soixante-dix centimètres avec une compagne nommée Marguerite Nadaud, épouse de Henri Garry. Ils s'étaient rencontrés à Tours, où le père de Marguerite était cheminot et membre du réseau Résistance Fer. Henri est responsable du réseau Prosper créé par la section F du SOE, dans la région nord-ouest de la France, auquel se joint Marguerite. Elle nous raconte son engagement, comment elle a accueilli chez elle les membres du réseau et, secrétaire du ministre de l'Agriculture de Vichy, comment elle a profité de sa position pour fabriquer de faux papiers. Elle est notamment parvenue à faire signer par son patron un ordre de mission permettant les déplacements de France Antelme, l'un des quatorze agents franco-mauriciens engagés par le SOE… Enceinte en prison, Marguerite a perdu son bébé. Elle survivra au camp et mourra à Gourdon, dans le Lot, à l'âge de quatre-vingt-treize ans, le 15 janvier 2007 ; son mari et son frère furent pendus à un crochet de boucher à Buchenwald. Elle n'apprendra leur mort qu'à son retour de déportation.

Entre déportées, on se soutient en échangeant sur la France, en parlant beaucoup de la Résistance, en évoquant nos régions et les souvenirs de repas extraordinaires, pour tuer la faim. Ma mère se lie ainsi avec une camarade qui, fermière dans la région versaillaise, promet de nous inviter après la guerre et, précise-t-elle, on tuera ses cochons, ses lapins, ses vaches, bref, tous ses animaux, pour cuisiner un repas pantagruélique.

— Vous vous en souviendrez longtemps ! nous lance-t-elle avec gourmandise.

Malheureusement, nous ne pourrons jamais partager ce repas. Notre compagne est restée au camp, morte gazée par les SS. L'ordre nazi s'impose par la déshumanisation et l'extermination.

À côté du dortoir, il y a une petite salle d'eau qui comprend quelques robinets : la *Waschraum*. Quelques robinets pour… six cents femmes. Pour les atteindre, chaque détenue doit faire preuve d'un grand stoïcisme, voire d'héroïsme. Il n'y a que quelques vasques. Il gèle, nous n'avons pas grand-chose sur le dos, un simple morceau de tissu, et nous avons à peine dormi. Et les SS installent dans la *Waschraum,* par terre, les cadavres de la nuit. À côté, des W.-C., ou *Abort*, d'une crasse indescriptible.

Par quel miracle pourrions-nous survivre ?

Les premiers temps, nous sommes en principe placées en quarantaine ; le plus souvent, cela ne dure que quelques jours. On apprend à vivre dans le camp, à subir tout ce qui s'y passe.

Ici, chaque instant, le drame peut surgir. Qu'il pleuve, qu'il vente, qu'il neige, nous sommes des centaines à patienter des heures et des heures devant nos baraques pour être comptées. L'appel… Plusieurs fois par jour. De longues, longues heures. Un supplice qui n'en finit plus. Beaucoup de déportées sont mortes pendant les appels. Les *Aufseherinnen* vocifèrent, sanglées dans leurs capes et dressées dans leurs bottes alors que nous sommes pieds nus dans nos galoches. Et leurs chiens-loups montrent les dents, prêts à bondir et à nous mordre : ils ont été dressés pour cela.

Le camp de Ravensbrück, c'est l'« enfant chéri » de Heinrich Himmler, un gigantesque réservoir d'une main-d'œuvre esclave destinée à l'industrie nazie ou aux expériences médicales des médecins sorciers… Le cauchemar de milliers de femmes sans âge, jeunes, fatiguées ou âgées. Des « filles mères », des femmes-outils, des ombres de la mort, des fantômes efflanqués. Un système concentrationnaire où l'on travaille jusqu'à l'épuisement pour un rendement maximal, où la brutalité est la règle de gouvernement, sous une surveillance répressive confiée à de grands criminels…

Nous sommes décomptées à intervalles réguliers par les kapos. L'opération représente une grande souffrance, qui peut durer toute la nuit. Notre camarade « Kouri », Germaine Tillion – dont la mère, Émilie, sera gazée ici même le 2 mars 1945 –, la retranscrira méticuleusement en appliquant son regard d'ethnologue sur cet enfer dans son livre magistral, *Ravensbrück*, publié dès 1946. Évoquant ce qu'elle appelle « l'haleine du camp », ce « quelque chose que l'on recevait en pleine gueule, aussi complètement évident que la "devinance" de la mort qui fait hurler les bêtes que l'on va tuer », elle décrit les circonstances de ces appels :

La mise en rang par cinq, avec injures et coups, l'attente debout devant des bâtiments sombres, le défilé de fantômes hâves, déguenillés, squelettiques, l'air hagard, l'odeur de tombeau qui les suivait... cela permettait tout de suite de savoir que, pour eux déjà et maintenant pour nous, tout était fini, que de cet abîme on ne ressortait pas.

À Ravensbrück, on se bat chaque jour pour survivre en s'attendant, chaque moment, à une tragédie. Depuis notre arrivée, nous sommes imprégnées par une odeur « curieuse » qui se répand dans le camp. Cette odeur, c'est celle des corps qui brûlent jour et nuit dans les fours crématoires – on en construira un second fin décembre 1944 qui, comme le premier, fonctionnera vingt-quatre heures sur vingt-quatre... Les faibles et les inaptes sont envoyées à la chambre à gaz, figurant sous la rubrique « parties pour le camp de Mittwerda » ou « Sana ». Sinistre simulacre. « Les nazis, observe Germaine Tillion, prenaient des précautions pour cacher l'existence des chambres à gaz aux habitants des territoires qu'ils occupaient, mais ils ne se souciaient aucunement de ce que pouvaient savoir et dire les convois de prisonniers et de prisonnières qu'ils déplaçaient d'un camp à l'autre. »

Quatre-vingt-quatorze mille déportées disparaîtront dans les crématoires ou les fosses communes des *Kommandos*. Juste après la Libération, dans *L'Allemagne jugée par Ravensbrück*[1], notre

1. Conférence, 1947.

camarade Geneviève de Gaulle décrira ainsi ce camp de l'enfer :

> Et voici toujours plus avant dans ce monde de l'horreur, les assassinats collectifs. On parle d'abord à mots couverts. Ce sont les « transports noirs ». Les vieilles femmes, des folles, des tuberculeuses, disparaissent. Et puis, un jour, c'est l'horreur qui s'installe en maîtresse du camp. (...) Les sélectionneurs vont et viennent dans le camp. (...) Chacune, en se levant pour l'appel du matin, ne sait pas si elle verra encore l'appel du soir.

Des dix mille Françaises déportées à Ravensbrück, seulement deux mille reviendront.

L'ambiance infernale de ce camp, Violette Lecoq, infirmière et agent de renseignements dénoncée par un faux résistant de son réseau puis déportée *Nacht und Nebel* (« Nuit et Brouillard »), saura la restituer dans trente-six dessins croqués entre octobre 1943 et 1945 et reproduits à la plume après la guerre. Des reportages sur le vif, poignants, que je conserve dans mes archives. Parce que Violette a su mieux que quiconque saisir la masse de ces ombres rayées de bleu, sales et grises, que nous sommes devenues, qui se pressent les unes contre les autres, ces scènes terribles qui font le quotidien du camp, ces femmes au corps décharné, tête baissée et tondue, se pressant dans les baraques – qu'elle rebaptise, avec l'humour du désespoir, « Living-room » –, dans les douches – « Hygiène » – ou à l'infirmerie que nos tortionnaires dénomment *Revier* – « La morgue ?... Non, l'hôpital ». Des fantômes tirant la charrette où s'entassent les cadavres – « La voix du ciel » – ou encore des pauvresses autour desquelles tournoient des ombres noires, les SS et les *Aufseherinnen* frappant de leurs schlagues ces femmes à terre... Ces dessins aux traits fins seront produits après la guerre comme preuves au procès des *Aufseherinnen* à Hambourg.

Et il y a aussi les regards de ces enfants qui nous contemplent, dans la baraque en face de la nôtre. Un nombre affolant d'enfants, seuls, livrés à eux-mêmes ; les plus petits sont à peine âgés de plus de deux ans. Comment sont-ils arrivés ici ? Impossible à savoir. Avec leurs mères sans doute, qui ont dû être déportées ailleurs.

Ces enfants nous observent derrière des carreaux sales pendant que nous sommes soumises à l'appel. Des enfants tondus avec de grands yeux. Je les reverrai toute ma vie comme s'ils étaient devant moi. Ces regards me hantent. Aujourd'hui encore, les yeux des enfants de Ravensbrück font écran devant les miens quand je contemple mes petits-enfants et arrière-petits-enfants.

Chapitre VIII
« J'ai oublié ton nom »

Le lendemain de notre arrivée dans ce système concentrationnaire, nous sommes exposées dehors. Jamais aucune de nous n'aurait pu imaginer une telle barbarie. Nous ne sommes plus que de misérables robots d'une immense cité gouvernée par un régime ubuesque et destructeur.

Les appels du matin durent jusqu'à une certaine heure – après, nous devons aller travailler –, mais ceux du soir peuvent être encore plus interminables.

Nous n'avons plus rien mais, au milieu de cette folie, nous faisons tout pour préserver entre nous des bulles d'humanité, avant tout pour que perdure cette fraternité qui nous a liées au cours de notre voyage dans les wagons à bestiaux. Ainsi, comme dans le train, lors des appels, nous intervertissons nos places afin que ce ne soit pas toujours les mêmes qui se retrouvent exposées à la merci des morsures des chiens qui se tiennent au bord. Nous essayons de mettre au milieu de notre groupe les malades et les personnes âgées pour les protéger. J'ai toujours été touchée par l'immense solidarité qui s'exprimait entre détenues, et je m'efforcerai toute ma vie de m'en montrer digne.

La Luxembourgeoise Lily Unden a bien su le rendre dans son poème *Ravensbrück*. Elle écrit :

J'ai oublié ton nom, ton visage, tes yeux
Je sais pourtant que nous étions à deux
Pour tirer le rouleau qui écrasait les cendres
Et que tu me parlais avec des mots très tendres
De ton pays lointain, d'avenir, de beauté

J'ai oublié ta voix, ta langue et ton accent
Compagne inconnue ; mais, à travers le temps,
Je sens, me réchauffant, ta main toujours présente
Quand il faisait si froid, quand, glissant sur la pente,
Nous poussions à deux un si lourd wagonnet

J'ai oublié le jour, la semaine, et l'année,
Quand, à côté de moi, tu fus soudain nommée
Et que tu m'as quittée, allant vers ton destin
Mais j'entendrai toujours en d'autres clairs matins,
Les coups de feu claquer et se répercuter

J'ai oublié ton nom, ta voix, tes pas, ton âge,
Mais je vois ton front pur levé vers un mirage
De paix et de bonté ; ton front rosé, vermeil
Éclairé par les feux d'un immense soleil
Irradiant les lieux, chantant la liberté…

J'ai oublié ta voix, ta prière et ton nom
Mais je sais que ta vie, ta vie dont tu fis don

À ta chère Patrie et à l'humanité
N'a pas été perdue et n'est pas effacée,
Qu'elle vit et revit dans la fraternité.

Quand il fait très froid, qu'on n'a plus grand-chose dans le ventre et qu'on reste des heures debout, les appels deviennent des épreuves terribles, et même mortelles. À un certain moment sonne l'heure de la dislocation du groupe. Les colonnes se forment pour partir vers les travaux divers, toujours encadrées de soldats SS et de kapos. Certaines sont assignées dans la colonne des *Verfügbaren*, les « disponibles », dans laquelle, comme le relate Germaine Tillion, « toujours à l'improviste, un chef de *Kommando* venait prélever le personnel qui lui manquait dans un chantier ou pour une corvée imprévue ». Celles qui y sont s'efforcent de rester *Verfügbar* le plus longtemps possible en usant d'un « répertoire de ruses, de complicités et de refuges clandestins suffisant pour administrer une province asiatique », relève avec une pointe d'humour Germaine Tillion.

> On pouvait aussi, poursuit l'ethnologue, essayer de rebuter l'employeur éventuel en adoptant le style *Schmuckstück* (littéralement « pièce d'orfèvrerie », « bijou ») – terme que les SS employaient par dérision pour désigner les rebuts. Être *Schmuckstück*, cela consistait à se donner l'œil vitreux, les épaules tombantes, l'expression égarée des débris humains qu'à Ravensbrück on appelait ainsi. C'était dangereux, car, si cela incitait certains chefs d'atelier à vous jeter dehors ou à vous laisser de côté, cela

> provoquait chez d'autres l'envie de cogner. Dans les camps d'hommes, pour nommer ces débris, on disait « musulmans ».

Nous effectuons des tâches harassantes douze heures par jour, en ne recevant qu'une nourriture très insuffisante qui n'atténue que quelques instants la faim dont nous souffrons. Ma mère et moi sommes affectées à ces tâches à l'intérieur du camp. Des corvées comme de traîner les lourds bouteillons de soupe ou de « café », et au pas de course… D'autres détenues sortent chaque matin, formant une longue colonne de travailleuses qui rejoignent les usines Siemens. Ces immenses fabriques emploient cette main-d'œuvre pour l'industrie d'armement qui, depuis 1943, couvre l'ensemble du IIIe Reich.

L'une des humiliations les plus terribles est la visite médicale où nous sommes nues, présentant nos mains et nos dents, un drame pour les plus âgées qui doivent passer devant des SS goguenards qui les houspillent, *schnell… schnell…* Puis il nous faut retrouver nos haillons entassés dans la cour de l'infirmerie, appelée le *Revier*. Comme le soulignera plus tard André Malraux dans un discours mémorable devant la cathédrale de Chartres, il ne faut pas « laisser ramener, ni limiter à l'horreur ordinaire, aux travaux forcés, la plus terrible entreprise d'avilissement qu'ait connue l'humanité ».

« Traite-les comme de la boue, disait la théorie, parce qu'ils deviendront de la boue », poursuivra l'écrivain et résistant. « D'où la dérision à la face de bête qui dépassait les gardiens, semblait au-delà des humains. "Savez-vous jouer du piano ?" dans le formulaire que remplissaient les détenues pour choisir entre le service du crématoire, et les terrassements. Les médecins qui demandaient : "Y a-t-il des tuberculeux dans votre famille ?" aux torturés qui crachaient le sang. Le certificat médical d'aptitude à recevoir des coups. La rue du camp nommée "chemin de la Liberté". La lecture des châtiments qu'encouraient celles qui plaisantaient dans les rangs, quand sur le visage des détenues au garde-à-vous les larmes coulaient en silence. Les évadées reprises portaient la pancarte : "Me voici de retour." La construction des seconds crématoires. Pour transformer les femmes en bêtes, l'inextricable chaîne de la démence et de l'horreur que symbolisait la punition : "Huit jours d'emprisonnement dans la cellule des folles." Et le réveil qui rapportait l'esclavage, inexorablement. »

Aucune déportée, évidemment, n'a le droit de circuler comme elle l'entend à l'intérieur du camp. Les informations courent entre nous par le téléphone arabe, les « on-dit », de baraque à baraque. Celles qui travaillent à l'extérieur rapportent parfois des nouvelles ; et celles qui, germanophones, servent de secrétaires aux SS sont aux premières loges pour glaner quelques précieuses informations. C'est ainsi qu'elles apprendront par la radio qu'écoutent leurs chefs la libération de Paris. La nouvelle arrivera jusqu'aux oreilles de Geneviève de Gaulle qui fera alors le tour des baraques où se trouvent des Françaises pour annoncer l'événement. Internée depuis début février 1944 avec le convoi des « 27 000 », la nièce du Général, dont je serai très proche après la guerre, unies que nous serons par notre combat commun pour témoigner et faire avancer les droits des anciennes déportées, est marquée par sa captivité. Elle sortira affreusement malade, d'autant qu'elle passera des jours enfermée dans le bunker du camp, « comme au fond d'un puits où je mourrai peu à peu en silence », écrira-t-elle au crépuscule de sa vie dans son bouleversant récit *La Traversée de la nuit*[1].

« Dois-je me préparer à mourir ? s'interroge-t-elle. Personne ne pourra m'aider au moins en me tenant la main, comme je l'ai fait souvent pendant l'agonie d'une camarade. Les derniers visages regardés seront marqués par le mépris et la haine. »

En plus de Geneviève, je retrouve aussi d'autres de nos camarades de Défense de la France.

Il y a Hélène Roederer, brillante étudiante lyonnaise, musicienne hors pair, un ange blond, qui, après avoir échappé de peu à la chambre à gaz, mourra du typhus le 10 mai 1945, à vingt-trois ans… quinze jours après la libération de Ravensbrück.

Je revois aussi Suzanne Guyotat, bibliothécaire à la faculté de droit de Lyon qui, possédant un *Ausweis* interzone, transportait les clichés de plomb de *Défense de la France*, permettant l'impression et la diffusion du journal en zone libre. Et aussi les sœurs

1. Le Seuil, 1998.

Rousseau, les filles de l'un des principaux imprimeurs du journal.

Les libérateurs de Paris font souffler un vent d'espérance dans notre camp.

Las, je tombe malade très vite. Nous sommes assaillies par les poux, les puces, les punaises et, plus répandue encore, la dysenterie, à cause des soupes liquides que l'on nous fait avaler.

C'est ce mal qui me ronge et m'enfièvre jusqu'à quarante degrés de température. Je suis conduite au *Revier* pour être examinée par des infirmiers et des médecins allemands. Une infirmerie sans guère de médicaments, juste un peu de charbon de bois. Il se murmure dans le camp qu'on est transférée au *Revier* pour y mourir… D'ailleurs, à l'entrée, des thermomètres sont accrochés à des bouts de ficelle et chaque prisonnière doit s'en saisir pour prendre sa température. Pour nos gardiens, ces thermomètres, c'est la preuve que nous sommes à l'article de la mort.

Au *Revier*, nous sommes parquées jusqu'à quatre patientes par châlit. Me voici ainsi alitée entre une mourante – elle ne passera pas la nuit – et une seconde malade qui crache le sang. Étrange position que la mienne… Quand vous souffrez de dysenterie et couchée sur un châlit du haut, atteindre la tinette représente un vrai parcours du combattant. C'est même impossible, et nous vivons donc au milieu des excréments qui s'amoncellent. Je sens, je vois la mort qui s'approche. Je pense intensément à maman, à mon père, à mon frère, et à la France que je ne reverrai sans doute jamais… Je tremble de tous mes membres.

Pendant que je délire au *Revier*, un bruit de départ pour un *Kommando* se répand dans la baraque 24. Ma mère parvient à s'approcher d'une fenêtre de l'infirmerie et s'aperçoit de l'état dans lequel je me trouve. Impossible de me laisser à Ravensbrück. Elle a peur que sa fille meure ici, dans ce lieu sordide. Alors, elle s'arrange pour m'inscrire sur une des listes de départ des concentrationnaires pour ce transport – c'est le mot qui est employé ici –, grâce à une déportée française qui travaille dans le bureau où ces listes se préparent. Elle réussit ainsi à me faire sortir du *Revier* : le matin, à l'aube du jour du départ vers l'inconnu, je suis au milieu de mes compagnes – nous sommes cinq cents, presque toutes françaises – sur la grande place d'appel.

On égrène les numéros, le mien n'y est pas. J'essaie de me faufiler dans les groupes, je suis repoussée à coups de gourdin. Les chiens sur mes talons, je me retrouve au milieu de mes camarades les plus âgées qui ne partent pas. Un dernier appel. Enfin, mon numéro est vociféré par un SS. Le cœur battant, titubante, je rejoins la longue colonne qui franchit le portail de Ravensbrück. Je suis la dernière à partir !

Au bruit des semelles dures de nos galoches martelant le sol, nous gagnons la gare de Fürstenberg, où nous avons débarqué le premier jour. Nous voici de nouveau poussées sans ménagement dans les wagons à bestiaux, entassées sous les coups et les hurlements. Ce ne sont plus des prisonnières françaises que retrouvent ces wagons, ce sont des concentrationnaires. Nous avons changé. Nous ne sommes plus des femmes, mais des êtres méconnaissables. Des bagnardes. Pis, du bétail. Même pas… Car, comme l'écrit François Mauriac en préface au témoignage de Micheline Maurel, « les esclaves, les animaux eux-mêmes ont toujours reçu de leurs maîtres la nourriture proportionnelle à l'effort qu'on exigeait d'eux ».

Dans le froid, le convoi s'ébranle lentement, les alertes se multiplient, des avions de la Luftwaffe nous survolent.

Crissements de freins, arrêt du train. Les portes s'ouvrent dans un bruit fracassant. Vociférations, aboiements… Nous recevons le même accueil qu'à notre arrivée à Ravensbrück. Mais ailleurs. Encore.

Où sommes-nous cette fois ?

Dans un camp situé au sud de Berlin, à deux jours de voyage au moins de Ravensbrück. C'est ce qu'on appelle un *Kommando*. L'Allemagne est couverte de ces *Kommandos*, dont l'organisation est plaquée sur celle des camps, avec le même schéma de SS et d'*Aufseherinnen*, mais à plus petite échelle. En colonnes, toujours cinq par cinq, nous pénétrons dans Torgau. Il s'agit en fait d'une usine où sont fabriquées des munitions, et nous apprenons que nous y sommes enrôlées comme ouvrières. Nous, ouvrières pour le Grand Reich ? Plutôt mourir !

Notre tâche consiste, douze heures par jour, à nettoyer des obus dans des bacs d'acide. Un travail malsain, épuisant, dont nous devons nous acquitter, comme on peut l'imaginer, sans aucune protection.

Nous manquons de sommeil ; sous-alimentées, nous sommes très amaigries ; et nous sommes de la main-d'œuvre corvéable à merci. Des moins-que-rien. Qu'importe : le déporté qui meurt est toujours remplacé par un autre…

Ce *Kommando* est constitué en majorité de Françaises, et nous sommes très liées entre nous par un sentiment qui va bien au-delà de l'amitié. La plupart d'entre nous sont résistantes et n'acceptent pas de travailler pour l'effort de guerre allemand.

Une camarade qui parle très bien allemand, Janie Rousseau, s'adresse au commandant en notre nom pour lui dire que nous refusons de contribuer à l'effort de guerre nazi. Sur le moment, nous ne mesurons pas notre intrépidité, notre audace, notre folie ! Nous ne pensons pas aux conséquences que ce refus peut générer auprès d'un commandant qui détient ni plus ni moins qu'un droit de vie et de mort sur nous. Mais le débarquement des Alliés en Normandie nous a redonné de l'espoir. Nous savions qu'un acte de rébellion était impossible à Ravensbrück.

Mais à Torgau ? Le contexte est différent.

« Nous n'étions plus des vaincues, mais des sursitaires », témoignera plus tard Janie.

Elle raconte :

> Dès le premier appel, devant l'officier des Poudres, sous l'œil médusé du SS chargé de notre convoi, que nous allons dénommer « Badine » (il est surnommé ainsi parce qu'il est toujours prêt à frapper), conformément à ce que nous nous étions

> promis, je suis sortie du rang et, dans mon meilleur *Hochdeutsch*, j'ai affirmé que nous n'étions pas des « droit commun » ni des « criminelles », mais bel et bien des « résistantes », donc des combattantes, donc des prisonnières de guerre, et que nous comptions que le militaire auquel nous étions confiées n'exigerait pas de nous un travail contraire aux stipulations de la Convention de Genève. Nous voulions oser !

Stupeur et effarement des Allemands.
Janie poursuit :

> Nous avons été renvoyées dans les baraquements, Badine était furieux, le militaire inquiet et, pendant le temps d'un échange avec Ravensbrück, j'ai été mise au frais dans un cachot évidemment humide de la forteresse de Torgau, tristement célèbre pour les exécutions d'espions. Mes camarades ont été réparties dans les ateliers des cuves d'obus : remplissage, nettoyage, etc. Le téléphone a dû fonctionner entre Torgau et Ravensbrück. Un mini-conseil de guerre SS était prévu pour la « meneuse », et les camarades furent réparties entre celles qui devaient retourner à Ravensbrück et de là envoyées dans un autre *Kommando* à Königsberg-sur-Oder, l'autre moitié étant envoyée à Abteroda, près d'Erfurt. La « meneuse » n'a pu être condamnée à mort car son dossier était introuvable, et on ne peut pas envisager d'exécuter une « non-personne » !

Pour ma part, je fais partie du groupe acheminé à Abteroda. Rien n'est prévu pour notre arrivée. Nous sommes logées dans des greniers vides, nous couchons sur le ciment sans aucune paillasse, rien, rien du tout. Plus tard, des châlits sont installés au-dessus d'un grand hall d'usine d'où provient un bruit perpétuel. Il s'agit en fait d'un atelier de fabrication de V1 et V2 – en allemand : *Vergeltungswaffe 1 und 2* – des missiles balistiques mis au point par les nazis.

Revient alors notre lancinant cas de conscience. Comment nous, résistantes, pourrions-nous travailler pour l'armée allemande ? Non ! Définitivement, non !

Nous assemblons de toutes petites pièces. Nous jouons alors aux débiles incompétentes, inaptes au travail en usine, incapables de faire fonctionner des machines qui sautent sans arrêt et que l'on doit donc réparer pendant des heures... Comme ma mère et moi travaillons au contrôle des pièces, que nous devons les trier entre les bonnes et les mauvaises à placer dans deux caisses différentes, l'une à droite, l'autre à gauche, il nous arrive souvent de nous « tromper », d'intervertir les pièces, les bonnes avec les mauvaises et vice versa... Les Allemands disent que nous, les Françaises, sommes des ouvrières nulles et surtout néfastes au Grand Reich. Et ces insultes, au lieu de nous accabler, bien au contraire, nous réjouissent.

L'hiver 1944 charrie de la neige et un froid rude qui devient de plus en plus rigoureux pour nos corps à peine nourris. Et les brimades redoublent. Ainsi, une nuit, sommes-nous entraînées sur une route gelée sur laquelle nos galoches glissent dangereusement. Je peux assurer que marcher avec nos semelles de bois sur la neige est une épreuve difficile à surmonter. Nous grelottons, le ventre vide, alors que nos gardiens armés nous apparaissent encore plus « énormes », repus de nourriture.

Après plusieurs kilomètres, nous pénétrons dans un camp de prisonniers de guerre français et nous sommes priées de nous déshabiller. Notre saleté, paraît-il, est devenue insupportable à notre commandant. Toutes à la douche ! Nous attendrons des heures, nues, de pouvoir récupérer nos vêtements, ou plutôt nos loques.

Rhabillées de nos haillons tant bien que mal, nous reprenons la route dans le froid glacial. Après plusieurs heures de marche, nous regagnons nos châlits, couvertes de neige, épuisées et… encore plus sales qu'à notre départ ! À quoi ce déplacement a-t-il servi ? À nous humilier davantage ?

Ce n'est pas fini. Quand nous rentrons dans notre baraque, elle est dans un bazar indescriptible. Nos geôliers ont eu l'idée remarquable de la faire nettoyer par des prisonniers. Ils ont tout mis sens dessus dessous et ont ainsi éparpillé les petits trésors intimes des déportées, une photo, un objet familier, un livre, un message, que chacune s'efforce de conserver pour être reliée à la Vie…

Maman et moi partageons notre calvaire depuis Ravensbrück avec deux compagnes, Germaine Huard et Yvonne Fanthome. Notre amitié et notre solidarité nous permettent de tenir le coup, de nous procurer les forces dont nous avons besoin. Nous sommes soudées à l'une et à l'autre.

La bataille des Ardennes, ou l'opération *Wacht am Rhein* comme la dénomment les Allemands, ragaillardit l'armée nazie. Nos gardiens se disent qu'ils reprennent de la vigueur ; leur méchanceté s'en trouve décuplée.

Heureusement, quelques lueurs de grâce parviennent à se faufiler au milieu de cet enfer. À l'image de cette célébration incroyable qui nous réunit lors de Noël 1944.

Alors que les prisonnières ne possèdent rien, pas même un mouchoir, jaillit comme par miracle une crèche, un vrai défi lancé à la face des nazis. Au prix de grands risques, quelques camarades réussissent à recréer la scène de Bethléem. Elles se servent des éléments les plus disparates et les plus étonnants que l'on puisse imaginer, un peu de mie de pain, de chiffons, de copeaux métalliques… On utilise, notamment grâce à l'habileté d'une jeune modiste, des morceaux de robe, des bouts de paille, de papier, de carton… La plupart de ces éléments proviennent de l'usine, les dérober est rigoureusement interdit et passible de punition. Mais quelle émotion de contempler cette crèche insolite au milieu de cet enfer ! Alors qu'en cette nuit de Noël, les SS fêtent bruyamment leur avancée dans les Ardennes, nous nous serrons les unes contre les autres, croyantes et non-croyantes, et nous disons une messe. Malgré la douleur et la tristesse de notre sort : il y a parmi nous plusieurs mères qui ont dû abandonner leurs jeunes enfants, des bébés, dans des conditions atroces au moment des arrestations. Cachées sous nos infâmes couvertures, nous prions et pleurons toutes doucement. Mais, pour la première fois, nos bourreaux paraissent désarmés face à ce spectacle sidérant ; et malgré sa rage, sa cravache levée, la commandante du camp n'ose pas détruire une œuvre aussi émouvante dans sa simplicité…

Le répit est de courte durée. Un matin, nous voyons débarquer le commandant de Buchenwald, dont dépend notre camp. Il est ivre de colère. Il a dû s'apercevoir que nous avions saboté les pièces d'armement que nous devions trier. Nous sommes toutes punies. Interdites de tout pendant plusieurs jours. On se raccroche à l'espoir que signifient pour nous les bruits des moteurs des escadrilles alliées qui survolent nos têtes la nuit pour aller bombarder l'Allemagne, et les bruits des canons au loin. On sent que la situation est en train de tourner. La neige recouvre les alentours. Il fait un froid polaire – jusqu'à -30 °C le 1er janvier 1945. Et, malgré ce temps, nous mourrons littéralement de soif.

Un nouveau voyage, le quatrième, nous attend. De nouveau les wagons à bestiaux, de nouveau les corps entassés, de nouveau les coups, les hurlements, les aboiements des chiens…

Quand nous sortons de nos wagons frigorifiés dont les parois sont gelées, les forces nous abandonnent. Nous pénétrons dans un autre camp, à Markkleeberg, petite ville proche de Leipzig, notre « quatrième station ». Y sont déjà détenues mille trois cents Juives hongroises venues d'Auschwitz et de Bergen-Belsen.

Nous, les deux cent cinquante Françaises, sommes parquées dans une misérable baraque glacée, dite « la baraque des fortes têtes ». Dès l'aube, encore épuisées, titubantes, on nous emmène travailler dans une carrière ou sur les routes, extraire des cailloux douze heures par jour sur une terre gelée très profondément, tirer un énorme rouleau sur le sol des routes proches du camp, abattre des arbres dans la forêt. Un calvaire dans notre état de faiblesse. Le plus épouvantable : décharger des wagons de charbon à longueur de journée. En tirant les rouleaux ou en déchargeant le charbon, j'essaie pour résister de distraire mon esprit en récitant des poèmes. « Heureux qui comme Ulysse a fait un beau voyage… »

Quelques instants de beauté pour nous faire oublier la barbarie qui nous enserre, la laideur qui nous déshumanise, la saleté qui enveloppe notre corps. Nous n'avons aucun vêtement de rechange, pas de savon, rien ! Nous sommes toujours trempées. Pas de gants ni de bas, et une maigre soupe de rutabagas avec un petit, tout petit, de plus en plus petit morceau de pain à se mettre sous la dent. Les journées nous paraissent plus interminables que jamais, et nous avons l'impression que nous allons tomber mortes sur place.

Au camp, nous sommes astreintes à des corvées diverses, la plus redoutable étant la vidange des fosses d'aisances, qui se fait à l'aide d'un seau. Nous sommes laides. Le soir, nous nous écroulons sur nos paillasses sans même avoir la force de nous déshabiller. Et au petit matin, le calvaire reprend. Nous commençons la journée en traînant les lourds bouteillons de soupe ou de « café », et souvent au pas de course, une torture de plus. Puis nous reprenons la ronde des durs labeurs… Ainsi va notre vie. Cette épreuve n'en finira jamais…

Nous allons mourir, nous le savons. Celles qui pensent ne jamais revenir sont les plus promptes à partir. Beaucoup d'entre nous meurent très vite à cause de cette dépression qui les envahit. Tout relâchement moral précipite la fin. Il faut tenir et, à mesure que les jours passent, l'épreuve devient de plus en plus difficile. Et la progression des armées alliées aggrave notre sort. Plus les nôtres avancent, plus nos gardiens se montrent violents. Ils sont gros, gras, emmitouflés dans des manteaux chauds et longs, et ils nous hurlent dessus, nous, pauvres loques, décharnées par la faim, le labeur et le froid.

Et soudain, le 13 avril 1945, branle-bas de combat ! On nous rassemble sur la grande place du camp, le commandant monte sur un tonneau et nous livre un discours en allemand. Nous nous attendons au pire, les rumeurs les plus folles circulent : on entend dire que les SS ont reçu l'ordre de nous faire disparaître avant l'arrivée des troupes alliées, en l'occurrence l'Armée rouge.

Paradoxalement, d'une certaine manière, cette nouvelle nous soulage, parce que désormais nous en sommes convaincues : nous assistons à la fin de l'Allemagne. Nous sommes en train de mourir, mais nous nous réjouissons, et ainsi nous retrouvons de la force.

En colonnes *fünf zu fünf*, comme nous en avons pris l'habitude, nos geôliers et leurs chiens accrochés à nos galoches, nous franchissons la grande porte du camp. Nous avons pu allonger quelques malades sur des charrettes juchées sur de grandes roues, où s'amoncellent aussi les paquetages des SS. Aux plus jeunes déportées de tirer ces attelages. La tâche m'incombera très souvent. Nous sommes à peu près mille cinq cents femmes à sortir du camp.

Je n'ose plus regarder ma mère. Elle est âgée de quarante-sept ans et on dirait une vieille femme. Sa maigreur m'afflige : ses jambes exsangues sortent lamentablement de ses abominables galoches si lourdes ; elle n'a plus que la peau sur les os, sur laquelle pendouillent ses vêtements ; on croirait avoir devant soi un épouvantail à moineaux. Et pourtant, imperturbable, elle témoigne d'une incroyable sérénité, ne cessant de prodiguer son affection à nos jeunes compagnes. Lucide, elle nous met aussi en garde, elle qui conserve tant de souvenirs de la guerre de 14-18, sur ce que sera la fin de la guerre, la période peut-être la plus dramatique que nous aurons à subir…

Pour l'heure, nous partons sur la route, formant une interminable masse de corps décharnés, encadrées par nos bourreaux, le commandant du camp en tête. Sans savoir, comme toujours, où nous allons. Les nazis sont en train de perdre la guerre, mais ils ne veulent pas perdre la face. Leur cruauté n'a donc pas de limites. Les chemins de l'enfer se prolongent sans fin.

Où nous mènent-ils ?

Chapitre IX

La marche vers la mort

Chaque pas est un supplice. Nous voilà poussées sur la route, encadrées par des soldats armés, avec pour tout bien nos couvertures déchirées et un morceau de pain. Nous devons marcher. Marcher. La plupart du temps la nuit. Le jour, nous sommes parquées dans des stades, des prairies, ou encore sous un grand pont sur lequel passent des troupes, un lieu clos en tout cas, pour nous surveiller.

Où nous emmènent-ils ?

Nos gardiens ne semblent pas le savoir eux-mêmes. Ils paraissent déboussolés. Nous marchons au beau milieu des combats et nos geôliers ont l'air terrorisés par les bombardements et les mitraillages alliés. Certaines d'entre nous seront tuées par des balles perdues. Plus nos cerbères perdent pied, plus ils deviennent cruels. D'une certaine manière, ils ont plus peur que nous. Nous sommes encerclées par la mort, qu'elle vienne du ciel ou de ces soldats fous prêts à tout moment à tirer. Mais nous qui avons toujours combattu les nazis sentons leur fin proche. Voir nos ennemis vaincus nous redonne du courage, un petit peu, mais c'est toujours ça…

Un jour, en plein milieu de la route, nous nous assemblons pour former une croix de Lorraine afin de signaler aux aviateurs de ne pas cibler notre colonne, d'éviter tout mitraillage. Il s'agit aussi pour nous de leur adresser un message de soutien. La Libération nous arrive par le ciel !

Nous nous réjouissons de l'avancée des Alliés, mais, sur le moment, nous pensons sincèrement ne jamais revoir la France. Je suis souvent attelée à cette grosse charrette qui transporte les malades et les affaires des SS. Je n'ai pas vraiment la chance d'être dotée d'une forte constitution physique, mais la volonté me permet de tenir.

Par moments, notre cortège s'écarte de la grande route et nous devons emprunter de petits chemins caillouteux sur lesquels il est très difficile de traîner notre charrette très lourde.

Les nuits sont glaciales, nos pieds sont ensanglantés, et à chaque arrêt nous tombons par terre dans des fossés gorgés d'eau. Nous buvons cette eau immonde et nous nourrissons de quelques herbes et racines trouvées le long du parcours. Nous subissons le froid, la pluie et même la neige. Le printemps ne vient pas. Nous errons, hagardes, titubantes, dans nos robes rayées ou unies avec la grande croix dans le dos ; certaines marchent pieds nus. Mettre un pied devant l'autre devient difficile. Quand on s'arrête, on tombe. Vite reprendre son souffle. Et repartir. Celles qui ne peuvent plus avancer sont abattues. Il y a alors plusieurs manières de mourir : l'épuisement, la faim, une rafale de mitraillette, une balle dans la tête…

À chaque arrêt, la même angoisse m'étreint : ma mère va-t-elle tenir le coup ? Sur notre route, tant de cadavres jonchent le sol. Certains diront qu'il y eut plus de mortes durant ces marches que dans les camps de déportées. Je garderai toujours l'image d'une Allemagne ressemblant à un vaste cimetière. Comme toujours, celles qui meurent les premières sont celles qui se désespèrent le plus rapidement…

Je me souviens ainsi d'Odette Toupense, arrêtée le 13 juillet 1944 par la Gestapo dans sa ville de Châteauneuf et déportée, qui laissa derrière elle son fils Alain, âgé de sept ans, et sa fille Françoise, quatre ans. Sa mère nous a fait le récit poignant de leur dernière entrevue, en prison, avant qu'Odette parte pour les camps.

> J'arrivai dans une petite pièce où il y avait une table. Mon Odette se tenait face à moi et, sur le côté, un garde. Je trouvai ma chère enfant bien changée, elle n'était pas gaie et avait perdu son assurance. Ses premières paroles ont été celles-ci :
>
> — Ma petite maman, ne te fais pas d'illusions, nous partirons. Pour combien de temps ?
>
> Puis elle me fit des recommandations pour ses petits. Là, n'en pouvant plus, elle se mit à sangloter :
>
> — Maman, je sais qu'ils ne manqueront de rien.

> Elle me donna certains détails pour les habiller l'hiver... Elle sanglotait tant que le garde lui dit, assez gentiment :
>
> — Ne pleurez pas !
>
> Puis il donna le signal pour nous quitter. Ce fut poignant car nous sentions que c'était un adieu et elle me répétait :
>
> — J'essaierai d'être courageuse, mais j'ai peur de mourir.
>
> Je retournai chez moi le cœur bien lourd.

Pendant la marche de la mort, ses compagnes feront tout pour épauler Odette, très affaiblie par les travaux forcés à Markkleeberg et qui n'a pas reçu de soins. Elles soutiendront chacun de ses pas, mais Odette, exténuée, ne survivra pas. Elle s'éteindra le 8 mai 1945 en pensant à ses deux enfants et en récitant le Notre Père. Ses compagnes orléanaises réussiront à l'enterrer au bord de la route en veillant à placer sur sa tombe une couronne de fleurs sauvages, ce qui permettra à son mari de la trouver.

Comment oublier ces visages ? Toutes ces vies fauchées ? Cette barbarie qui n'en finit plus ? En nous lançant dans ce sauve-qui-peut des marches forcées, nos bourreaux veulent sans doute gommer l'horreur des camps qui s'étendent alors sur l'ensemble du Reich, mais nous n'oublierons pas. Jamais.

S'enfuir ou mourir, telle est la seule alternative qui nous reste. Une camarade anglaise, parachutée comme radio et qui n'avait pas été fusillée parce qu'elle avait réussi à garder son nom de guerre,

Jacqueline Dutertre, et parlait un français impeccable, parvient, elle, à s'évader, à survivre.

Descendant vers la Tchécoslovaquie, nous longeons l'Elbe, passant d'un pont à l'autre. La région est belle, le printemps arrive enfin, les arbres sont en fleur et les bords du fleuve semblent plaisants à l'œil. Ces paysages sereins forment un contraste saisissant avec l'angoisse qui nous étreint. Nous errons comme des fantômes vers l'inconnu, traversant sous de terribles bombardements les villes de Wurzen, Oschatz, Meissen, Niederau. Nous enchaînons les kilomètres jusqu'à Dresde, dont il ne reste pas grand-chose : la ville a été complètement rasée. Soudain, la chaleur accablante succède au froid, et nous souffrons encore plus de la soif. Nous l'étanchons tant bien que mal en suçant des brins d'herbe.

Nous voici non loin de la frontière tchèque, à quelques kilomètres de Königstein.

C'est alors que nous décidons de nous enfuir en restant groupées entre compagnes d'infortune. Ma mère et moi sommes soudées pour la vie à nos deux camarades de misère et de châlits. Il est inconcevable de partir sans nos deux « sœurs ». Parvenant à tromper la surveillance de nos gardiens, nous nous échappons et finissons par découvrir une carrière profonde. Au milieu, une petite cabane. Nous tirons la porte. Des outils y sont rangés. Nous nous cachons en tentant de retenir notre souffle.

Nous savons ce que nous risquons : les femmes qui, au cours de cette marche mortelle, ont essayé de s'évader et ont été reprises ont été exécutées d'une balle dans la tête. Nous entendons les bruits de bottes et de galoches qui, pendant des heures, martèlent la route.

Nous restons abritées dans cette cabane jusqu'au petit matin, jusqu'à ce que trois individus, des hommes, finissent par ouvrir la porte et par nous découvrir… Face à ces quatre femmes décharnées et apeurées, ces zombies qui ne ressemblent plus à rien, les jeunes hommes sont saisis d'effroi.

— Nous nous appelons Édouard, Lucien et Georges, se présentent-ils.

Ils parlent français !

Ils sont des nôtres !

— Nous sommes ouvriers, nous avons été enrôlés par les Allemands dans le cadre du STO (Service du travail obligatoire) pour travailler dans cette carrière.

Le destin nous sourirait-il enfin ?

— De quoi avez-vous besoin ?

— D'eau ! répondons-nous aussitôt en chœur.

Ils réussissent à nous en trouver. Enfin, boire, boire, boire… Nos trois Samaritains parviennent aussi à nous dégoter un peu de nourriture, alors qu'eux-mêmes n'en ont plus guère. Et des vêtements pour nous réchauffer. Et, surtout, ils nous cachent. Des griffes des nazis, mais également des soldats de l'Armée rouge qui violent les femmes.

Sommes-nous sauvées ?

En tout cas, voici une accalmie salutaire au milieu de cette interminable épreuve. Nous reprenons des forces, au moins pour quelques jours, et trouvons même un petit nom à notre cabane de fortune : nous la baptisons la « Bouée ».

Nos sauveteurs montent à la forteresse militaire de Königstein afin de prévenir de leur découverte des officiers supérieurs français et autres alliés enfermés là. La forteresse, qui surplombe l'Elbe depuis un promontoire, est surnommée la « Bastille de Saxe ». C'est une prison depuis le XVIe siècle. Elle passera bientôt sous contrôle soviétique.

Un médecin vient à nous. Nous sommes en mauvais état, mais les premiers soins qu'il nous prodigue nous permettent de reprendre un peu de forces. Nous apprenons aussi les dernières nouvelles de la guerre : l'écrasement du Reich. La mort de Hitler. Enfin.

Des ambulances de la Croix-Rouge sont dépêchées au pied de la forteresse pour embarquer les officiers prisonniers de guerre en zone américaine, et ceux-ci interviennent pour que nous bénéficiions des premières places.

Nous sommes toujours ensemble, toutes les quatre, et ce 9 mai, presque un mois après le début de notre marche de la mort, nous roulons vers la paix. Le retour au pays, cette France que l'on imaginait ne plus jamais revoir.

Sommes-nous sauvées ?

Pas encore.

Les ambulances nous acheminent jusqu'à Limbach, petite ville où a été installé un grand centre de rapatriement. Il nous faudra encore près d'un mois avant de pouvoir rejoindre le sol français.

Chapitre X

Retour à la vie

Dans ce vaste poste de commandement sous la direction de l'armée américaine, anciens prisonniers et déportés sont soignés. Nous sommes hébergées avec une vingtaine de femmes dans une grande villa. Nous sommes libres, si l'on peut dire, nous recevons des traitements médicaux et de la nourriture. Et pourtant, c'est une période difficile à vivre. Nous avions caressé l'espoir d'être ramenées au plus vite chez nous, et nous devons attendre. Encore. Toujours. Pourquoi ? Nous ne savons pas trop, on ne nous informe de rien. Sommes-nous l'objet de tractations entre militaires ?

Les Américains ont en fait très peur de toutes les maladies que les déportés peuvent transmettre. On nous pulvérise donc sur tout le corps du DDT, cette poudre chimique insecticide, pour nous désinfecter. Comme pour combattre des insectes… C'est affreux !

Mais nous passons le plus clair de notre temps à attendre. Et cette attente est douloureuse, très difficile à supporter. Nous sommes malades, surtout ma mère, qui souffre d'une infection pulmonaire. Assignées dans cette grande maison, nous menons une vie étrange : nous venons de subir une épreuve effroyable et nous devons nous débrouiller seules, sans aucune prise en charge psychologique. Nos journées sont rythmées par des allers-retours au PC, à la pêche aux nouvelles, pour tâcher de savoir quand nous pourrons enfin rentrer chez nous.

Attendre…

Vers la fin du mois de mai, on nous transfère dans la ville d'Iéna, en Thuringe, près de Weimar, et on nous embarque de nouveau dans un train. Et encore dans des wagons à bestiaux ! Mais cette fois, nous ne sommes pas poussées à l'intérieur par les coups et les hurlements haineux de SS, nous sommes bien moins nombreuses, nous avons le droit à de la paille pour nous asseoir et les portes sont ouvertes… Et, bien sûr, on ne nous laisse pas mourir de faim ; on nous ravitaille, on nous donne de l'eau. C'est peu, mais c'est déjà ça. Le voyage est assez long, lui aussi. Et parsemé d'embûches, comme ce jour où nous passons le Rhin à Cologne sur un pont en bois construit exprès par l'armée et qui s'écroule… juste après notre passage.

On débarque à Saint-Nicolas-de-Port, près de Nancy, où a été implanté un grand centre d'accueil doté de tous les médecins et de toutes les infirmières nécessaires. Germaine, Yvonne, maman et moi sommes toujours ensemble, liées comme les doigts d'une main. Nous retrouvons un aspect plus normal grâce à quelques vêtements plus corrects. On s'occupe de nous, on nous revigore. La vie, à petites gouttes, nous est réinjectée.

Puis, le lendemain, nous embarquons dans un train « normal », cette fois. Direction Paris.

Arrivées à la gare de l'Est le 1er juin 1945, nous sommes assaillies par la foule sur le quai. Une de nos camarades, Germaine Huard, mère de plusieurs enfants, est attendue par sa famille. C'est la première fois depuis plusieurs mois que nous sommes séparées : rupture difficile, tant nous avons vécu en osmose pendant tout ce temps.

Nous sommes emportées dans le flot de la foule. Des autobus nous attendent pour nous transporter jusqu'à l'hôtel *Lutetia*, au carrefour Sèvres-Babylone, au cœur de Paris. Transformé en centre d'accueil, le palace, un brin décati par l'occupation pendant quatre ans de l'*Abwehr*, le contre-espionnage allemand, ressemble à une ruche bruyante. À l'entrée, dans le hall, sont dressés des panneaux où sont affichées des listes de déportés et des fiches cartonnées indiquant le nom, l'âge, l'adresse, les lieux d'internement en France et dans les camps de concentration, la date de départ ainsi que la photo de personnes recherchées. Tous ceux qui rentrent, via la gare de l'Est ou la gare d'Orsay, convergent vers cet hôtel. Beaucoup ont conservé leur uniforme rayé, signe distinctif et sceau d'infamie. Des familles brandissent des photos de parents, hurlent un nom, zigzaguant entre les scouts qui épaulent des rescapés ou des infirmiers de la Croix-Rouge…

On nous donne une chambre à deux lits, que je partage avec maman. On nous offre une nuit dans un hôtel de luxe, mais notre premier réflexe est de jeter les matelas par terre. Depuis des mois, nous couchons sur des planches ou à même le sol ; les sommiers de ces lits douillets sont bien trop mous, il nous faut du dur…

Le lendemain, nous sommes interrogées par les militaires. Nous ne sommes donc pas au bout de nos épreuves !? Insupportable interrogatoire. Mais nous comprenons vite que des individus ont essayé de se glisser parmi les déportés, des collabos notamment, pour revenir en France. Les militaires traquent les imposteurs et nous posent un nombre incroyable de questions pour vérifier que nous ne mentons pas.

Interrogatoire, bureaucratie tatillonne pour établir de nouveaux papiers administratifs, visites médicales… Nous subissons un parcours long et fastidieux qui, pour nous qui ne rêvons que de rentrer à la maison, prend une allure d'épreuve supplémentaire.

Je garderai un mauvais souvenir du *Lutetia*, le brouhaha nous excède et nous avons l'impression d'avoir atterri sur une planète inconnue. Nous n'avons qu'une idée en tête : obtenir des nouvelles de notre famille et de notre maison. Mais nous sommes entraînées dans un tunnel qu'il nous faut suivre jusqu'au bout… Pas le choix.

Enfin, après un certain temps, nous sommes invitées à regagner nos foyers. On nous donne dix francs et un ticket de métro à chacune, et, mesdames, repartez chez vous !

Maman et moi errons seules et désemparées dans Paris. Nous décidons d'emprunter le métro, ce qui est surréaliste pour nous et pour les autres passagers, qui nous regardent comme des bêtes curieuses, avec un mélange d'ahurissement et de peine. Nous descendons à la station Saint-Lazare et prenons le train jusqu'à Versailles-Montreuil.

Enfin, nous rentrons chez nous !

Mais l'idée a du mal à s'imposer. Deux pas en avant, un pas en arrière… Nous sommes tétanisées par l'envie étrange de rebrousser chemin. Nous ne tenons pas sur nos jambes et je finis par m'asseoir sur le bord du trottoir, comme je le faisais par terre dans les camps. Aussitôt, maman me lance cette phrase baroque, c'est le cas de le dire :

— Mais ma fille, que fais-tu assise par terre ? Veux-tu te relever ! Tu es quand même à Versailles !

Nous n'avons plus rien, nous sommes épuisées et anxieuses. Plusieurs quartiers de la ville ont été bombardés et nous nous demandons dans quel état nous allons retrouver la maison familiale.

La voici. Nous sommes devant chez nous, au numéro 1 du boulevard de Lesseps. Bonne surprise : la maison est toujours debout. Nous nous arrêtons pour la contempler. Puis nous avons ce geste inouï : nous sonnons à notre porte. Nous sonnons pour rentrer chez nous !

Il y a quelqu'un ?

La porte s'entrebâille lentement, tout doucement, sur un homme fébrile et méconnaissable. Lui aussi semble avoir du mal à nous reconnaître. Et pourtant, c'est bien mon père qui se tient dans l'embrasure de notre entrée. Il vient de sortir de l'hôpital Percy. Il a été l'un des premiers prisonniers à avoir été rapatriés du camp de Buchenwald, par avion, parce qu'il était à l'article de la mort. Il pensait que nous ne rentrerions jamais et s'était fait à l'idée de continuer sa vie seul. Et voilà que devant lui se tiennent… sa femme et sa fille ! Des revenantes ! Oui, mais des revenantes bien vivantes ! Devenu presque aveugle, il nous touche pour être sûr de ce qu'il ne peut que deviner, reprendre contact en chair et en os avec ces êtres aimés.

Nous serrant contre lui, il nous raconte, à mi-mots tant ces souvenirs l'accablent, les drames qu'il a vécus à Buchenwald, où il a été déporté le 15 août 1944 sous le matricule 77634. On l'a affecté aux *Kommandos* de Berga puis de Dora. Il est diabétique et sous insuline depuis l'âge de trente ans, il a donc été sevré et il est extraordinaire qu'il ait survécu dans son état : en général, les diabétiques mouraient en prison. Lui a pratiquement perdu ses yeux. Nous apprenons qu'il a subi les mêmes interrogatoires que nous de la part de la Gestapo.

Ma grand-mère est à ses côtés ; elle est venue s'occuper de son gendre. L'émotion qui nous submerge tous les quatre est un moment extraordinaire, qui n'appartient qu'à nous, qu'il nous sera toujours difficile de partager avec d'autres.

Mon père nous donne aussi des nouvelles de mon frère, qui est venu le voir à l'hôpital Bichat… en passant trois ou quatre fois devant son lit sans le reconnaître. Pierre s'est marié pendant l'hiver 1944, durant l'offensive des Ardennes, avec Colette Leclerc, une Versaillaise dont le père était le colonel du régiment du Génie dans lequel servait mon père. Ma grand-mère Philomène a pu assister à cette cérémonie spéciale, au cœur d'un hiver très froid et très particulier : à ce moment-là, tout le monde pensait que l'armée allemande reprenait des forces. Puis Pierre a été enrôlé dans l'armée à Sarrebruck, pour accomplir son service militaire malgré ses quatre années de résistance contre les nazis… On ne fait grâce à personne, songé-je. Il m'est impossible de partager l'émotion qui m'étreindra lorsque, à la faveur d'une permission, je pourrai de nouveau serrer mon frère dans mes bras. Nous resterons à jamais unis, même si la vie nous séparera. Pierre, qui sera père de cinq garçons, accomplira l'essentiel de sa carrière en Côte-d'Ivoire comme directeur d'une usine Chaussons, fabricant de pièces automobiles. Il mourra le 27 septembre 1998, deux ans avant mon mari, en octobre 2000, et quatre ans avant Geneviève de Gaulle, en 2002.

Versailles, à l'époque, a pour maire un certain Émile Sosthène Labeyrie, qui a été gouverneur de la Banque de France sous le Front populaire, puis premier président de la Cour des comptes avant sa révocation par Pétain en 1940. Et cet homme nous ignore superbement.

Notre maison a été pillée. Nous devons nous débrouiller pour tout, même pour aller chercher un peu de pain au coin de la rue. Heureusement, quelques amis du quartier nous apportent du réconfort, mais en général nous recevons peu de soutien. La vie quotidienne reprend difficilement, les tickets d'alimentation resteront en circulation jusqu'en 1949.

Ceux que nous croisons n'ont aucune idée de l'endroit d'où nous sortons. Nous avons du mal à en parler et, quand nous tentons de transmettre ce que nous avons vécu, les gens ne nous croient pas. Notre priorité est d'essayer de revivre, de retrouver un peu de forces.

Ce retour n'est évident pour personne, ni pour nous ni pour le voisinage. Nous avons l'impression d'avoir été oubliés, et surtout que certains auraient bien voulu ne pas nous revoir. Le plus pénible est l'incompréhension que nous lisons dans le regard des autres. Sur le moment, ce n'est pas facile à accepter : les gens ne saisissent pas d'où nous sortons. Personne ne peut imaginer ce qu'est un camp de concentration ! François Mauriac le souligne dans sa préface au récit de Micheline Maurel :

> Le pire malheur est d'avoir perdu son âme, et d'ignorer que chaque être qui nous est confié a une âme. C'est la leçon que les survivants des camps d'épouvante ont mission de nous répéter inlassablement, même si nous nous bouchons les oreilles pour ne pas les entendre.

On ne revient jamais des camps.

Et pourtant, il faut bien que la vie reprenne. Ne pas ressasser ! Faire face. Évacuer les questions aberrantes dont nous sommes assaillis. Ces gens qui doutent de notre épreuve, qui nous demandent, par exemple :

— Ah bon, vous n'aviez vraiment rien à manger ? Mais vous pouviez quand même aller acheter de la nourriture dans un mess, non ?

Nos interlocuteurs croyaient peut-être que nous avions été emprisonnées dans une caserne. On ne peut pas imaginer que dans nos gamelles, nous n'avions pas grand-chose, et même carrément rien au cours des marches de la mort.

Micheline Maurel raconte ainsi dans son livre son retour :

> Les voisins accouraient pour voir la « déportée ». J'étais l'attraction du quartier. Les cousins débarquaient de toutes parts. Les premiers jours, très excitée, j'accueillais tout le monde, je répondais à toutes les questions. Puis tout m'a tellement exaspérée que je me suis enfermée dans une chambre et n'ai plus voulu voir personne.
>
> Les questions que l'on me posait étaient toujours les mêmes :
>
> — Alors, est-ce qu'on vous a violée ? (C'est la question que l'on m'a posée le plus souvent. Finalement je regrettais d'avoir évité cela. J'avais manqué par ma faute une partie de l'aventure, et cela décevait. Heureusement que je pouvais raconter le viol des autres.)

Quand je me marierai, ma belle-mère, une femme très gentille au demeurant, me demandera aussi :

— Avez-vous été violée ?

Je lui répondrai avec humour :

— Si je n'avais subi que cela !…

Nous sommes des êtres à part, nous descendons d'une autre planète. Cette différence se perçoit facilement : nous, anciens déportés, sommes repliés sur nous-mêmes et silencieux. Micheline Maurel témoigne ainsi du trouble qui saisit sa maman en la revoyant : « Ce qui m'a le plus frappée quand tu es arrivée, ce n'est pas ta maigreur, ni même tes jambes, c'est surtout ton regard… Tu avais l'air complètement folle. »

Et son frère, approuvant les paroles de leur mère, d'ajouter : « Et tu parlais comme une petite fille. »

Pour se reposer, reprendre des forces, trouver une nourriture saine, notre famille part à la campagne, dans le Poitou. Nous sommes tous les trois de grands malades, surtout mon père, dont l'état de santé est très préoccupant. Et il nous faut donc nous reconnecter au cours de la vie.

J'ai vingt et un ans, je veux travailler en m'occupant d'enfants, comme j'en caressais le souhait avant la guerre ; je reprends des cours à l'école de puériculture, et aussi à la faculté de droit. Mes camarades sont pleins de bonnes intentions, mais nous n'avons plus de points communs. Je suis un être particulier. Il est inutile de se lamenter sur son sort. Dans l'épreuve, j'ai appris à ne plus jamais pleurer. On ne se laisse pas aller en public. Je m'efforce également de ne pas afficher ma souffrance devant maman, et elle adopte la même attitude. La déportation, le retour des camps, c'est une longue histoire qui n'en finit pas, une large blessure qui ne cicatrise jamais. Mais rien ne sert de se complaire dans la nostalgie, il faut aller de l'avant. Se remettre dans la marche du monde. Malgré tout. Malgré les difficultés de la vie quotidienne. Malgré cette part de nous-même qui est restée là-bas, dans cet enfer. Malgré ce spectacle désolant de l'épuration, ces règlements de compte aux jugements arbitraires, ces exécutions sans jugement, et surtout ces femmes tondues par des bonshommes qui n'avaient rien fait contre l'occupant, des femmes tondues comme nous le fûmes aussi… Je les méprise, ces charognards de la Libération ! Je ne reconnais pas mon pays, qui s'avilit dans ces bassesses de l'après-guerre, moi qui pendant ces longs mois d'épreuve avais si souvent, passionnément, rêvé à la France, son Histoire, sa grandeur, son âme.

Heureusement, à Versailles, nous avons un très bon médecin de famille, le Dr Gauliard, qui nous soutient. Un médecin à l'ancienne qui nous écoute, essaie de nous comprendre, accourt à la moindre alerte, même en pleine nuit. C'est une chance pour nous que cet homme extraordinaire, l'humaniste Dr Gauliard.

Une autre chance : mon mariage avec Guy Fleury le 21 mars 1946. Nous nous étions rencontrés avant la guerre dans notre petit groupe de la Fédération des étudiants versaillais ; c'est un ami de mon frère, il fut d'ailleurs témoin au mariage de Pierre. Guy a vingt-deux ans, c'est un homme fin et subtil, un intellectuel, ancien élève de Sciences-Po, docteur en droit, entré à la SNCF comme ingénieur pour ne pas partir au STO – il y fera toute sa carrière, jusqu'à la mise en service du TGV. C'est aussi un catholique très pratiquant, à l'esprit large. Il a attendu mon retour, des amis me disent qu'il a une grande admiration pour moi. Il m'épaulera toujours dans ce que je ferai, m'aidant inlassablement à porter le fardeau de mon passé.

C'est encore plus vrai à partir de la naissance de notre fils, Yves, en décembre 1946. Un vrai tournant. Cet enfant qui vient au monde, c'est la vie qui recommence. Le signe tangible qu'ils n'ont pas gagné, que nous sommes sortis victorieux de la guerre… La naissance d'Yves est une renaissance pour nous tous, y compris pour mes parents. Treize mois après arrivera Jean-Marc. Puis suivront Hervé, Bernadette, Bruno… Cinq enfants en huit ans. Et après, dix petits-enfants. Et encore quinze arrière-petits-enfants, dont l'aînée, Élise, la petite-fille de ma fille, et le petit dernier, Paul, né en janvier 2019. Certaines de mes camarades seront elles aussi mères de famille nombreuse – jusqu'à treize enfants pour Marie-Madeleine Delabre ! – ou resteront sans descendance…

Pour moi, fonder une famille représentera un nouvel acte de résistance. Pour la vie. Contre mes démons. Lesquels m'infligent une nouvelle épreuve avec la mort soudaine de mes parents, tués ensemble dans un accident de voiture en 1960. J'aurai alors l'impression de descendre en apnée dans un trou noir. Mais, comme dans la période qui a suivi la déportation, je reviendrai à la vie.

Il fallait, il faudra, il faut toujours que je survive. Pour ma famille. Et pour mes camarades.

Dès 1944, Irène Delmas, notre « Maryka », ancienne prisonnière des Allemands, fonde l'Amicale des prisonnières de la Résistance (APR), qui deviendra l'Association nationale des anciennes déportées et internées de la Résistance (ADIR), afin de soutenir à leur retour les anciennes des prisons et des camps. Au numéro 4 de la rue Guynemer, en face du jardin du Luxembourg, l'association ouvre avant même la fin de la guerre un foyer d'hébergement pour rescapées de cent cinquante lits, avec cantine, assistance médicale et services sociaux, ainsi qu'un vestiaire alimenté par des couturières ex-prisonnières. Grâce à des soutiens financiers suisses et américains, l'ADIR essaime aussi partout en France, installant des bureaux notamment à Lyon, Clermont-Ferrand, Nice et Marseille.

Notre combat est porté par Geneviève de Gaulle, qui s'engage dès son retour de captivité en donnant des conférences qui permettent de récolter des fonds. En 1947, Geneviève témoigne aux procès de Hambourg, au cours desquels, de décembre 1946 à juillet 1948, sont jugées sous juridiction britannique les gardiennes criminelles de guerre de Ravensbrück. À peine revenue, dans une conférence qu'elle intitule *L'Allemagne jugée par Ravensbrück*, elle restitue le procès avec justesse, en témoin lucide du système concentrationnaire, démontrant les responsabilités de tout un peuple dans une organisation qui s'était étendue à l'ensemble du Reich. Elle prend la tête de l'ADIR en 1958, présidence qu'elle assumera avec objectivité et sagesse en étant très attentive à nos avis. Geneviève restera ainsi longtemps notre porte-parole. Je ne ferai vraiment sa connaissance qu'à ce moment-là, ne l'ayant que très peu côtoyée à Ravensbrück : j'avais été transférée au *Kommando* de Torgau pendant qu'elle-même était enfermée dans le bunker du camp, isolée au silence dans une cellule juste munie d'un soupirail, dans un état de déficience totale. Nièce du général de Gaulle, elle fit l'objet de transactions jusqu'à son retour auprès de son père, consul de France à Genève.

L'ADIR me permet également de me rapprocher de Germaine Tillion, qui est membre du conseil de notre association et dont j'admire beaucoup l'intelligence et l'humour. En publiant dès 1946 son remarquable *Ravensbrück*, document magistral nourri par ses prises de notes sur le vif pendant sa détention, elle fait œuvre de mémoire capitale. Elle aussi assiste aux procès de Hambourg, en tant qu'observatrice. À son retour, elle ne nous cache pas sa déception en constatant que ce procès n'intéresse personne d'autre que nous, les anciennes déportées. L'attention du monde est captée par le procès de Nuremberg. Germaine et moi avons agi côte à côte jusqu'à sa mort, le 19 avril 2008. C'était une femme particulièrement accueillante, ouverte aux autres, et qui recevait toutes sortes de personnalités, sans jamais oublier ses connaissances d'Afrique du Nord. Deux ans avant que Geneviève et Germaine entrent au Panthéon, j'ai demandé au président de la République, François Hollande, de ne pas séparer « mes deux amies ». Le jour de la cérémonie, le 27 mai 2015, le chef de l'État est venu vers moi et m'a dit, en m'embrassant : « Elles sont réunies toutes les deux… »

Notre combat sera relayé aussi par d'autres voix fortes, telles celles d'Anise Postel-Vinay, Marie-José Chombart de Lauwe, Jeanne Sivadon… L'ADIR, dont je serai pendant des années la vice-présidente, rassemblera jusqu'à deux mille déportées et prisonnières, 85 % des survivantes françaises des camps et des prisons et forteresses allemands, et publiera de nombreux témoignages, notamment à travers son bulletin trimestriel *Voix et Visages*, ainsi que plusieurs enquêtes – entre autres le *Ravensbrück* de Germaine Tillion. Avec un groupe de résistants et d'anciens déportés hommes – je serai la seule femme –, je crée en 1961 le Concours national de la Résistance et de la Déportation (CNRD) auquel participent chaque année, aujourd'hui encore, des collégiens et lycéens de toute la France, et je contribue à la réalisation du mémorial de la Déportation de l'île de la Cité. J'organise aussi des voyages à Ravensbrück, à Mauthausen et à Struthof, en Alsace, camp où ont été commises de nombreuses expérimentations médicales, ainsi que des semaines contre l'oubli dans plusieurs établissements scolaires.

Afin que tout cela ne recommence pas. Et que nous ne poursuivions pas notre vie blessées à jamais comme « un troupeau de spectres hâves », suivant l'expression terrible de notre camarade Denyse Clairoin dans quelques vers jetés sur le papier, comme une bouteille à la mer, à la veille de sa mort en mars 1945 à Mauthausen.

Ces quelques vers, les voici :

Et si nous revenons un jour,
Comme un troupeau de spectres hâves
Affamés de joie et d'amour
Serons-nous de tristes épaves
Qu'on enfouit dans un sable lourd…

À ces mots, je ne me résoudrai jamais.

Non, nous ne serons plus « de tristes épaves ».

Nous ne devons pas, nous ne voulons pas baisser les bras.

Jamais.

Toute ma vie durant, je resterai animée par ma ténacité à témoigner. Mais je refuserai toujours d'employer cette expression si courante aujourd'hui de « devoir de mémoire », je n'aime pas cette formule galvaudée qui génère bien des postures de la part de personnes qui n'ont pas vécu ces événements. Seuls nous, les acteurs de l'Histoire, pouvons porter cette mémoire. Je préfère parler de transmission de l'Histoire plutôt que de devoir de mémoire.

Notre vie de survivantes, nous l'avons consacrée à parler, parler inlassablement des horreurs que nous avons subies dans notre chair, auprès des jeunes en particulier, comme je le ferai en multipliant les interventions dans les établissements scolaires. Il nous fallait rester fidèles à la promesse faite à nos compagnes des camps qui, en mourant, nous encourageaient à survivre : « Restez pour témoigner ! » nous disaient-elles.

La Résistance est un combat de chaque jour.

Mon combat.

Épilogue

Cet impossible oubli

> Il y eut le grand froid qui mord les prisonnières comme les chiens policiers, la Baltique plombée au loin, et peut-être le fond de la misère humaine. Sur l'immensité de la neige, il y eut toutes ces taches rayées qui attendaient. Et maintenant il ne reste que vous, poignée de la poussière battue par les vents de la mort. Je voudrais que ceux qui sont ici, ceux qui seront avec nous ce soir, imaginent autour de vous les résistantes pendues, exécutées à la hache, tuées simplement par la vie des camps d'extermination. La vie ! À Ravensbrück, huit mille mortes politiques. Tous ces yeux fermés jusqu'au fond de la grande nuit funèbre ! Jamais tant de femmes n'avaient combattu en France.
>
> Et jamais dans de telles conditions.

La voix d'André Malraux résonne devant la cathédrale de Chartres, en ce début du mois de mai 1975. Je me souviendrai, nous nous souviendrons toutes de cet hommage de l'écrivain résistant.

Du beau, du lyrique, du grand Malraux !

> Faire de la résistance féminine un vaste service d'aide, depuis l'agente de liaison jusqu'à l'infirmière, c'est se tromper d'une guerre. Les résistantes furent les joueuses d'un terrible jeu. Combattantes, non parce qu'elles maniaient des armes (elles l'ont fait parfois) ; mais parce qu'elles étaient des volontaires d'une atroce agonie. Ce n'est pas le bruit qui fait la guerre, c'est la mort.

Devant le portail de l'église de Péguy où « les huit mille personnages de la cathédrale voient, sur ta face accablée, les huit mille prisonnières qui ne sont pas revenues », Malraux vibre.

Ce discours a été quelque peu oublié, et pourtant, à mon sens, il est aussi fort que celui, resté célèbre, prononcé pour accompagner l'entrée au Panthéon de Jean Moulin, en décembre 1964.

Ces mots de Malraux à Chartres m'émeuvent encore quand je les relis.

> En rangs, les prisonnières écoutaient un discours de menaces. Le chef du camp se tut enfin, et l'interprète alsacienne traduisit tout par une seule phrase : « Il a dit que nous ne sortirons d'ici que lorsque nous serons mortes. » Une joie stupéfiante surgit. Pendant qu'elle disait ces mots-là, un message à bouches fermées filtrait dans les rangs : les Alliés arrivent.
>
> Alors, dans tous les bagnes depuis la Forêt-Noire jusqu'à la Baltique, l'immense cortège des ombres qui survivaient encore se leva sur ses jambes flageolantes.

Et le peuple de ceux dont la technique concentrationnaire avait tenté de faire des esclaves parce qu'ils avaient été parfois des exemples, le peuple dérisoire des tondus et des rayés – notre peuple ! – pas encore délivré, encore en face de la mort, ressentit que même s'il ne devait jamais revoir la France, il mourrait avec une âme de vainqueur.

Celui qui allait mourir un peu plus d'un an plus tard, le 23 novembre 1976, poursuit :

Croyantes ou non, vous connaissez le verset lugubrement illustre, prononcé pour tous puisque la douleur est partout : *Stabat mater dolorosa…* Et la Mère des Douleurs se tenait debout… Dans la crypte, sous l'hosanna des orgues et des siècles, la France aux yeux fermés vous attend en silence. Que celle d'entre vous dont on se souviendra le moins, la plus démunie, celle dont j'ai parlé, si elle est encore vivante, s'approche pour entendre chuchoter la haute figure noire :

Écoute bruire dans l'ombre autour de moi l'immense essaim des mortes. Je ne l'ai pas abandonné. Saint François disait à la mendiante d'Assise : « Sur ton pauvre visage, que ne puis-je embrasser toute la pauvreté du monde… »

Sur le tien, moi, la France, j'embrasse toutes tes sœurs d'extermination.

Souvent, on m'a demandé, on nous a demandé si nous considérions avoir eu de la chance de survivre. J'avoue que cette question m'a souvent laissée pantoise.

La chance de survivre ? Je ne sais pas. Dans les camps, nous songions plutôt qu'il aurait été préférable de mourir tout de suite, surtout pendant les marches de la mort… Nous sommes revenues, mais une part de nous-même est restée là-bas. Quand on a pénétré dans un camp, on n'en sort jamais complètement. Un déporté ne redevient pas ce qu'il était… Nous voulions oublier, mais nous ne le pouvions pas. À partir des camps, il nous faudra reconstruire notre vie avec cet impossible oubli…

Aujourd'hui encore, pas un jour ne passe, pas une nuit surtout, sans que surgissent dans mon esprit les visages de mes camarades, les murmures de leurs voix. Souvent, on m'a demandé si croire en Dieu m'avait permis de tenir. Pour certaines de mes compagnes, ce fut indéniablement le roc sur lequel elles s'appuyèrent. La foi extraordinaire de Germaine Huard lui permit d'appréhender toutes les épreuves. Et Geneviève de Gaulle, dans un texte magnifique paru dans *Voix et Visages*, notre bulletin de l'ADIR, expliquait comment « le soir, sur une demi-paillasse, en grelottant », elle essayait de prier, « les oreilles et la bouche pleines d'une clameur de désespoir », et contemplait ses camarades qui « disaient leur chapelet dans un coin du dortoir : comme des enfants perdus qui crient maman dans le noir et rien ne répond ». « Sommes-nous exclus du monde des saints, nous qui luttons dans la faim et la vermine, la crasse et la fatigue, nous les déchus, les pauvres gens ? » suppliait Geneviève.

Dans son récit *La Traversée de la nuit*, elle affirmera avec cran :

> Non, Dieu n'était pas absent, il éclairait le beau visage d'Émilie Tillion ; la vieille Maria, Mère Élisabeth rayonnaient de sa lumière. Nous allions le prier en cachette, derrière une baraque, avec une religieuse orthodoxe russe, ancienne et ardente révolutionnaire, Mère Marie, que l'épreuve portait à la plus haute contemplation.

Je n'ai pas cette force-là. J'ai construit ma vie au retour des camps avec un catholique pratiquant, mais j'ai toujours cherché Dieu. Le philosophe juif allemand Hans Jonas a écrit un petit livre qui a marqué, *Le Concept de Dieu après Auschwitz*[1]. Cet intellectuel y réfléchit à la nécessaire réinterprétation de Dieu après la Shoah. Je me suis posé aussi ces questions. Je me suis efforcée de croire. Et j'ai toujours abouti à la même conclusion : pour moi, Dieu nous avait oubliés.

Je me suis davantage raccrochée à une valeur plus tangible : l'amitié, cette fraternité étonnante qui, dans cette épreuve insoutenable, nous avait soudées les unes aux autres, et qui nous permettra de continuer bien après, jusqu'à la mort de chacune, de former cette chaîne. Nous avons été façonnées par ce sens du partage que nous avons appris dans les camps et qui conduit à tendre la main ou une épaule à une

1. Rivages, 1994.

camarade qui ne peut plus marcher, qui abandonne, au bout de son épuisement, et soupire : « C'est fini pour moi, je reste ici. » Dans ces camps du malheur, ces petits gestes représentaient des actes héroïques, une résistance à l'inhumanité.

Je n'ai jamais été dotée d'une constitution physique extraordinaire, mais j'avais de la volonté, et c'est elle qui m'a permis de survivre, de construire une famille, et d'avoir la force de témoigner. De m'indigner aussi. Contre l'oubli. Contre les réécritures de l'Histoire, celles visant notamment à faire croire que la majorité des Français furent collabos, pétainistes ou attentistes alors que beaucoup, bien plus qu'on ne le pense, eurent la main tendue et firent des choses extraordinaires sans que l'on parle d'eux. Comment les maquisards ont-ils survécu ? Mon frère a été clandestin dans un village du Poitou, tout le monde le connaissait et, quand la Gestapo vint pour l'arrêter à la sortie de la messe, personne ne le dénonça. Des exemples comme celui-ci, il y en eut des milliers, partout en France. Et beaucoup n'ont jamais été connus, n'ont jamais franchi les mémoires des villages.

Je n'ai jamais vécu d'aussi fortes démonstrations de solidarité et de partage qu'au milieu de mes compagnes de détention. Nous avons résisté à ces épreuves en nous serrant les coudes. C'est ensemble que nous avons pu les surmonter. C'est ensemble que nous sommes sorties de l'enfer des camps. C'est ensemble que nous avons pu continuer à vivre après, soudées par ce fil invisible de l'infamie et du courage mêlés.

Seules, nous n'aurions jamais survécu.
C'est de cela que je veux témoigner.
Témoigner de ce que nous avons vécu.
Jusqu'à mon dernier souffle.
Avant que le monde oublie.

REMERCIEMENTS

À Christine Antier, professeur d'histoire au collège du Sacré-Cœur à Versailles, qui accompagne et soutient depuis des années Jacqueline Fleury, pour ses encouragements, sa relecture scrupuleuse et son expertise historique.

DE JÉRÔME CORDELIER :

Le sérail. Histoire d'une promotion de l'ENA, avec Jean-Michel Blanquer, Perrin, 1995.

Manifeste contre la pauvreté, avec Martin Hirsch pour Emmaüs France, Oh ! Éditions, 2006.

Une vie pour les autres. L'aventure du père Ceyrac, Perrin, 2006 ; Tempus, 2007.

Ceux qui s'engagent, Perrin, 2007.

Rebelles de Dieu, Flammarion, 2011.

Au nom de Dieu et des hommes. La grande saga des franciscains, dominicains et jésuites, Fayard, 2017.

Un moment de vérité, avec Véronique Margron, Albin Michel, 2019.

PAPIER À BASE DE FIBRES CERTIFIÉES

Le Livre de Poche s'engage pour l'environnement en réduisant l'empreinte carbone de ses livres. Celle de cet exemplaire est de :
350 g éq. CO_2
Rendez-vous sur www.livredepoche-durable.fr

Composition réalisée par PCA

Achevé d'imprimer en juin 2022 en Espagne par
Liberdúplex - 08791 Sant Llorenç d'Hortons
Dépôt légal 1re publication : mars 2021
Édition 02 - juin 2022
LIBRAIRIE GÉNÉRALE FRANÇAISE
21, rue du Montparnasse – 75298 Paris Cedex 06

48/3180/5